Peter Kurzeck · Vor den Abendnachrichten

D1674197

PETER KURZECK

VOR DEN ABEND-NACHRICHTEN

MIT EINEM NACHWORT VON BIANCA DÖRING

Stroemfeld/Roter Stern

Bibliografische Information der Deutschen Nationalbibliothek
Die Deutsche Nationalbibliothek verzeichnet diese Publikation
in der Deutschen Nationalbibliografie;
detaillierte bibliografische Daten sind im Internet über
http://dnb.ddb.de abrufbar.

ISBN 978-3-86600-247-0

Satz: Marion Juhas
Lektorat: Rudi Deuble
Umschlagbild: Peter Kurzeck, Sammlung Christian Ostheimer
Druck: TZ Verlag & Print GmbH, Roßdorf

Gedruckt auf säurefreiem, alterungsbeständigem Papier
entsprechend ISO 9706
Printed in the Federal Republic of Germany

Bitte fordern Sie unsere kostenlose Programminformation an:
Stroemfeld Verlag
D-60322 Frankfurt am Main, Holzhausenstraße 4
CH-4054 Basel, Altkircherstrasse 17
e-mail: info@stroemfeld.de   www.stroemfeld.com

Inhalt

ACH DEUTSCHLAND,

EIN TRIPTYCHON

Der Rahmen: Ach Deutschland, sollst du dir sagen, dann fängt es zu regnen an und du denkst an die Toten. Wie denn die Seelen zählen und wer bin ich selbst? Gekommen amtlich im Jahr des Herrn, im Hungerjahr 1946. Im Juli, mit einem Flüchtlingstransport, da war ich drei Jahre alt. Die vorangegangenen vierhundert Tage und Nächte unterwegs in Güterzügen ohne Bestimmung, mit Viehwaggons, auf enteigneten Lastwagen, Soldatenautos, Planwagen, Pferdewagen, die dir mit jedem Tag, wenn er geht, immer wieder (immer weiter) davonfahren. Der Himmel drüberhin ist ins Fließen geraten, kommt dir entgegen; jeder Schlaf träumt dich heim. Immer bleibst du zurück, fährst dir hundertmal selbst davon und kannst dich nicht aufgeben. Mit Handkarren, zu Fuß, zu Fuß und in Lagern: Schub-, Auffang-, Durchgangs-, Sammel- und Notaufnahmelager durch die wir, die durch uns hindurch sind. Ferne Küsten am Himmel, ganze Kontinente im Aufbruch begriffen. Seit wir uns erinnern, ziehen die Wolken nach Osten. Daß du keine Einzelheit je vergessen dürftest, dein Bündel, dein Eigentum, das schleppst du von nun an mit. Wir sind Menschen. Und daß du schon damals, schon bei der Ankunft dich hoffnungslos fremd gefühlt hättest, in der Verbannung, das bleibt. Ein Triptychon zum Auf- und Zumachen.

I – Mai 1990, Locarno

Samstagmorgen in Locarno. Am See und unter den Samstagmorgenarkaden, ein dichtes Gedränge, ein Samstag im Mai.
Noch früh und die Wolken so schwer, feucht und niedrig, daß
alle Leute mit Schuhen daherkamen, die glänzten wie frisch-
geputzt. Alle als ob sie lang schon so in der Menge laufen, die
Leute, die Schuhe, zielbewußt wie die Lemminge. Was du hier
nicht siehst in den Wolken vor deinen Füßen, das, siehst du,
ist der heutige See. Jetzt ist mir als sähe ich mich zwischen den
Wolken in weiter Ferne, im Gedränge, im hellen Mantel und
schon nicht mehr jung, ein klassischer Emigrant. Sogar meine
Schuhe, obzwar doch alte Bekannte, sahen heimatlos aus. Wo
denn gekauft, fragst du dich, wo abgelatscht, wo und wann?
Und in welcherlei fremden Angelegenheiten? Soviele Zeiten
und Länder und jetzt, warum hier?

Bin ich denn nach Locarno gekommen (und es hätte genauso-
gut Lugano, Lausanne, Lucca oder Luzern gewesen sein können), um meiner Tochter jeden Tag Serien von Ansichtskarten
zu schreiben, damit sie aus der Ferne nicht aufhört, an mich zu
denken, damit ich auf ihre Antworten warten kann? Damit ich
nicht aus der Welt falle, zwischen zwei Büchern – das eine fertig (wird eben gesetzt und braucht mich nicht mehr), das nächste noch nicht recht begonnen, das ist wie Nebel, Glatteis und
Schneetreiben ein gefährlicher Zustand. Vorher in einem Ar-
beitsfieber, aus dem ich lang keinen Ausgang und keinen Not-
ausgang fand und deshalb ins Tessin, deshalb hierher in mein
Haus auf dem Berg, ein geliehenes Haus mit zwei Stockwer-
ken. Meine Freundin hatte erst mit- und dann nachkommen
wollen. Sobald ich zu warten anfange, gleich kann ich nichts
andres mehr tun; ich kenne mich selbst nicht mehr. Soviel Ver-

langen wollte sie nicht, so entschied sie, sie käme lieber noch später, dann gar nicht. Sie hält es mit mir nicht aus! Das könnte ich noch verstehen, es geht mir ja selbst so, doch wie kann sie ohne mich sein am Abend, am Morgen und jeden Tag wieder, jeden einzelnen langen Tag? Wie steil bergauf alle Wege dort gingen. Ach Deutschland, was für ein Deutschland, daß ich im Tessin bin und sie kommt nicht und kommt nicht! Sie kam jeden Tag nicht; sie heißt Bianca, sie leuchtet, sie ist mir zu jeder Zeit der schwerste Mensch auf der Welt. Ich konnte kaum essen und auch längst nicht mehr schlafen, schon seit Monaten nicht. Ich wußte nicht mehr, wie das geht. Ich rief meine Schwester an und sie sagte, das verlernt man doch nicht! Dir geht es zu gut! Weißt du noch, sagte ich, weißt du noch, wie du als Kind die ganze Familie geweckt hast um vier Uhr früh und gesagt: Wollen wir nicht schon aufstehen und weiterleben? Ja, sagte sie, aber jetzt bin ich schon lang erwachsen und muß meistens früh aufstehn. Ruf mich nicht in der Nacht an!

Ich rief meinen Vater an, der nun alt war und sein Herz tat ihm weh. Er sagte, ich will nach Samarkand fahren und in die Mongolei! Der Amazonas, sagte er, weißt du, wie ich noch ein kleiner Bub war, damals der Amazonas! Ich hätte nicht so lang warten sollen, man ist immer viel zu gutmütig, sagte mein Vater. Jetzt bin ich fünfundachtzig. Ja wirklich, vor kurzem, mit siebzig noch, kam neunzig mir vor wie fast schon ein hohes Alter! Er spricht am Telefon immer so laut, als sei das Telefon eben erst erfunden worden und noch nicht recht erprobt. Seiner Meinung nach haben die Söhne die Väter anzurufen. Ein einziges Mal rief er mich an. Ich bin es, sagte er. Bist du es? Weißt du, nachts zwischen drei und fünf will ich jetzt nicht mehr schlafen. Da steht der Tod hinter mir an der Wand. Sind dort, wo du bist, die Kirschen schon reif? Ich rief eine frühere Frau an, die Mutter meiner Tochter, und sie sagte, vielleicht jetzt endlich wirst du Geduld haben lernen. Aber nein, immer schon hab ich Geduld gehabt, soviel Geduld, ich explodiere ja immerfort schon vor lauter Geduld! Meine Tochter rief mich an. Sie heißt Carina. Sie sagt auch immer: Ich bin es! Laß mich lieber zurückrufen, sagte ich, du weißt ja, wie sie sind, die Erwachsenen. Ich sagte ihr, hier gibt es Palmen. Es ist schade, daß du jeden Tag in die Schule gehst. Es tut mir schon richtig weh, wenn ich daran denke. Ab wieviel Tagen, fragte sie, würde es sich denn lohnen, wenn ich bald zu dir komme? Aber Himmelfahrt war ja schon, da nämlich hatten wir schulfrei! Ist der See so wie auf den Ansichtskarten? Ja, sagte ich, genauso! Wir numerieren die Karten. Sie kann meine schlimmsten Handschriften lesen. Und Italien, fragt sie. Italien, sagte ich, gibt es. In Italien kaufe ich alle paar Tage meinen Kaffee. Dann ist ein stiller Morgen, da steh ich beim Telefon, es sind kaum ein paar Tage vergangen. Noch immer kein Schlaf und Essen nur im Stehen jeden Tag einen einzigen Bissen, den einen Tag Emmentaler, den anderen Tag dann Salami. Eine Fliege summt. Bald ist Sommer. Ich stand und rechnete (mehr nur zum Zeitvertreib) und kam auf eine Telefonrechnung von gut sechshundert Franken. Für nicht ganz vier Tage und in meiner Verlassenheit meine Ungeduld fing ja eben erst an. So ein Tag: am liebsten Streichhölzer an den Tag halten, damit er wie ein Feuerwerk explodiert – war nicht auch gestern schon so ein Tag? Von da an eine Zeit ohne Wörter und wie lang mir die Tage dann wurden. Alleinsein ja sowieso, aber auch die Stille ist eine schwere Droge. Und wie konnte ich mich so hinreißen lassen, sagte ich mir, ich laß mich gern hinreißen! Ganz oben noch Schnee auf den Bergen. Diese Stille ist doch noch kein Frieden!

Morgens kommt die Sonne zu mir auf die Veranda und davor liegt ausgeschlafen der See. Die Berge und ich, wir fangen gerade erst an, uns zu grüßen. Wie gut mein Kaffee riecht so früh am Morgen. Mir ist als ob ich mich eben erst kennenlerne!

Oder jeden Tag wieder? Süß und saftig ist die Ananas, die mir Franziska am Tag meiner Ankunft geschenkt hat, schrieb ich (jedes Wort wahr). Die Veranda ist überdacht, tagsüber schattig. Ich glaube sie heißt hier Pergola oder weißt Du das besser? Da wachsen Rosen, es gibt eine Lampe und beim Tisch eine Steckdose für meine Schreibmaschine. Davor auf dem Platz eine fromme alte Steinsäule, die in die eine Richtung hin mich und in die andere Richtung den See und die Berge ohne Unterlaß segnet. Vor dem Haus die Piazzetta, daneben klein und alt die Dorfkirche von Piodina. Im Turm eine Glocke, die man sieht. Sie läutet, sie schlägt die Stunden. Immer zweimal, falls man beim erstenmal mitzuzählen vergißt (sich verzählt hätte). Oft steht die Kirchentür offen und ein paar alte Frauen haben sich eingefunden. Mit Stimmen wie Kinderstimmen. Und schleppen Wasser und Blumen herbei und putzen und schmücken die Kirche. Am Abend soll Maiandacht sein. Wie Schwalben hin und her ihre Stimmen zwischen dem alten Gemäuer. Der Pfarrer und sein Auto wohnen aber in Brissago. Vor meinem Haus auf der Piazzetta haben die alten Frauen jeden Tag ihre Zeit und die alten Männer auch. Genauso die Morgensonne und die Nachmittagssonne. Kinder gibt es nicht im Tessin in den Dörfern. Als ich hier ankam, spät am Nachmittag, krähten die Hähne. Schrieb ich meiner Freundin Bianca nach Deutschland, nun da feststand, daß sie nicht käme. Die Gäßchen sind eng. Eidechsen gibt es, viele! Alles blüht. Es geht auf den Sommer zu. Die Tage sind lang. In einem Garten steht eine Schildkröte und denkt. Oft gehe ich so ein Gäßchen, ein Pfädchen und finde es beim nächsten Mal dann nicht wieder. Und Du, wo gehst Du heute hin? Sie verlieren sich selbst, diese Gäßchen und Pfädchen, sie kriechen davon. Beim nächsten Mal ein anderer Garten und die Schildkröte ist aus Stein. Jedes Wort ist wahr. Mein Haus hat zwei Stockwerke. Jedes Stockwerk hat seine eigene Haustür. Jede Haustür in einer anderen Gasse, so sind hier die Häuser. Ich hab die Morgen gern, schrieb ich, schon immer! Ich hatte diesen Brief angefangen, von dem ich noch nicht wußte, ob es ein Abschieds- oder ein Liebesbrief werden würde. Jeden Morgen schrieb ich die Seiten vom Vortag um, schrieb dann weiter und wußte nicht, wie ich es je fertigbringen sollte, den Brief zu beenden. Ich aß die Ananas auf. Ich trank viel Kaffee. Ich gewöhnte mir an, mich wie früher als Kind jeden Tag mehrmals mit fetter Milch satt-zutrinken. Jeden Tag, wenn die Sonne am höchsten steht, gehe ich mit meinen Gedanken auf einen Berg.

Heim dann im letzten Licht, schon Mitte Mai und immer län-ger die Tage und Abende. Heimwege, Sonnenuntergänge. Ge-rade am Abend rauschen hier die Bäche so eigen zwischen den Felsen herab, so klar und so kühl. Ich stand auf einem Holz-brückchen. Mir war, ich hätte schon als Kind hier gestanden. Nachts las ich und hörte Musik und hörte die Kirchturmuhr schlagen. Dazwischen stand ich immer wieder auf, trank kalte Milch und machte mir weiter Notizen für den Brief. Aber ich hatte auch beim Bett Notizblöcke und große und kleine Zettel, so konnte ich auch im Liegen jederzeit schreiben. Kaum Zeit für Selbstgespräche. Auf der anderen Seite des Sees hört man nachts manchmal einen Zug fahren, Güterzüge. Vielleicht hät-te ich tagsüber schlafen können, aber tagsüber lockt mich das Leben und hört nicht auf, nach mir zu rufen. Meine Tochter rief mich an und sagte: Außer Himmelfahrt gibt es ja aber auch noch Fronleichnam. Und wenn ich dann den nächsten Tag nicht hingeh, also in die Schule. Und wenn du dann noch da bist, wo du jetzt bist und je nachdem, was du dann vorhast und was ich dann vorhab und vorher ist ja auch noch Pfingsten, ich hab nämlich einen Pferdekalender, und dann hast du ja auch bald Geburtstag! Das stimmt, sagte ich, das sehen wir alles noch! Du mußt deinen Paß mitnehmen! Du müßtest bis nach Locarno mit dem Zug fahren, das Geld kann ich dir schicken. Wahrscheinlich mußt du zwei-dreimal umsteigen und in Locarno stehe ich dann in dem hellen Mantel, den du kennst und warte auf dich! Falls es klappt, sagte sie, daß ich komme! Du weißt ja, wie die Erwachsenen sind! Ja, sagte ich, ja, ich weiß. Und dann, hör zu, dann müssen wir aufpassen, daß wir uns erkennen, sagte ich, falls es klappt, daß du kommst! Ich steh vorher schon auf dem Bahnsteig. Ich bin der mit den ungeputzten Schuhen! Und daß wir dein Gepäck nicht da stehenlassen, falls du Gepäck mithast. Das machen wir alles noch aus! Wir machen schon alles richtig, das ist doch klar! Wenn du kommen willst, komm! Leg jetzt auf, sagte ich ihr zum Schluß. Ja, sagte sie, also ich leg jetzt auf! Und nach einer Weile: Ich leg jetzt *gleich* auf! Nein du, sagt sie dann, leg jetzt auf! Wir können beide nicht auflegen, nicht so leicht. Bist du noch da, sagt sie, also wer legt jetzt auf? Meistens dauert es eine Weile. Meistens nach dem Auflegen ruft einer von uns den anderen gleich wieder an! Weil ihm noch was einfällt, was er vergessen hat, was der andere nicht vergessen soll, erinnerst du dich? Und am Ende, wenn wir es ganz zuletzt endlich geschafft haben, weiß ich nicht gleich, wie sie weitergehen sollen, der Tag und mein Leben. Stehen und atmen.

Ich rief meinen Verleger an. Das Leben, sagte ich ihm, das Leben, es bringt mich fast um. Hörst du mich? Bist du noch da? Ja, sagte er; die Verbindung war schlecht (die Alpen dazwischen). Sie kommt nicht! Alles zerrt an mir! Du kennst sie ja, die Bianca! Denn er hatte sie schon gesehen. Auf einmal kam es mir als Erleichterung vor, daß außer mir überhaupt noch ein Mensch um sie wußte, so konnte ich sie doch nicht geträumt haben! Du hast ja deine Frauen und Kinder jederzeit um dich herum! Und du hast den Verlag zum Spielen. Ist bei dir auch so ein Rauschen in deinem Ohr? Wie lang, fragte ich, was meinst du, wie lang soll ich das noch aushalten? Denk an mich, sagte ich, es ist für mich sonst nicht auszuhalten! Wir wollen uns wenigstens vornehmen, daß wir uralt werden, sagte ich, vergiß das nicht! Hörst du zu? Bist du noch da? Ja, sagte er. Denk dran, sagte ich, daß ich jetzt bald Geburtstag habe! Ja, sagte er, du sagst es mir dann ja wieder, wie immer. Ja, sagte ich, immer lauter das Rauschen (beinah wie Ertrinken). Seit wann denn schon, sagte ich, ist es so, daß die Menschen, die ich liebe, nicht bei mir sind? Warum nur? Man könnte fast denken, ich bin es, der das macht, warum? Leicht ist das Leben nicht. Später dachte ich mir die Antworten aus, die er mir gegeben hätte, wenn ich die Geduld gehabt hätte, ihm zuzuhören; er ist ein guter Ratgeber. Ich rief ihn noch zweimal an. Ich trank jeden Tag mehr Kaffee. Ich entdeckte eine Sorte Fruchtjoghurt, Blutorangen, von dem ich als einzige Nahrung große Mengen zu essen vermochte, hauptsächlich nachts. Weil die Sorten nur sortiert geliefert wurden, mußte ich alle paar Tage sämtliche Läden von Brissago und Ascona aufsuchen, um meine Vorräte zu ergänzen. Ich bekam mit der Post wie jedes Jahr eine Gärtnerrechnung für das Grab meiner Mutter. Sie ist vor zwanzig Jahren an meinem Geburtstag gestorben. Ich wünschte, sie hätte noch meine Tochter gekannt, meine Tochter ist zehn.

Dann eine Zeit, da schrieb ich morgens zwei Stunden und abends zwei Stunden. Nachts die Notizen. Bald sind die Kirschen reif. Bald Ende Mai und immer länger die Tage. Jetzt wird es jeden Tag eher hell. Von da an ging ich jeden Tag wieder allein bergauf in den Wald und ging in mir selbst herum wie nur je eine Märchengestalt. Mein ganzes Leben schleppe ich immerfort mit. Mai und der Kuckuck ruft, so ein abergläubischer Vogel. Wie immer, wie jedes Jahr wieder der gleiche Moment, den ersten Kuckuck zu hören. Er ruft gleich sooft, daß ich weiß, ich muß gar nicht erst mitzählen! Im Mai in der Mittagsstille, hier im hellen Laubwald so ein flirrendes goldgrünes Ewigkeitslicht und dann die wahrhaftige goldgrüne Schlange! Auf einer hohen Böschung, wo sie erst raschelte und dann stillhielt. Und dann, da sie merkte, daß ich sie bemerkt hatte, in jähen Schwüngen über die Straße und den Hang hinunter zischend und raschelnd auf und davonschnellte, sicherlich harmlos, so lodernd, so leuchtendgrün wie ein heller Schrei. Immerhin länger als ein Meter fuffzich und ich sehe noch jetzt den Schreck und den Zorn in ihrem feinen empörten Schlangengesicht. Vielleicht hat sie vor mir noch nie einen Menschen gesehen! (Für viele Bestien bin ich der erste Mensch!) Wie die Zeit selbst, so rauscht mir im Gehen der Wald. Heim dann im letzten Licht. Jeder Bach rauscht, als ob er mich kennt. Manche Tage ging die Sonne in den Bergen zwei-dreimal unter. Abends Holzrauch und Schwalben. Still und dämmrig die Gassen. Was für eine kleine entlegene Welt muß das gewesen sein, ehe die Fremden kamen. Selbstgespräche. Ich war so angespannt und erschöpft, daß ich jeden Tag wenigstens zweimal ein Bad nehmen mußte. Am Abend fängt es zu regnen an. Es regnet; es wird dunkel und regnet sanft in den See hinein. Ich saß und schrieb. Still der See mit seinen Lichtern. Wie ein Schaufenster voll Geschmeide, sagst du dir, wie ein nächtlicher See. Ich hatte eine neue Schreibmaschine. Sie kann tuten, in die Nacht hinein: sie tutet jedesmal wie ein kleines Schiff auf dem See. Jetzt regnet es nur noch leise, schrieb ich. Es ist dunkel, es riecht nach Erde und Pflanzen. Nirgends sonst schmeckt die Luft so süß. Wenn ich mich nicht erinnere, ist der Tag nicht gewesen!

Am Morgen Nebel. Es regnete vier Tage und in den Pausen des Regens schleppte sich der Nebel spukhaft im Kreis; es war wie in Norwegen im November. Ich kam und ging und wurde mir selbst zum Gespenst. Endlich am Samstagmorgen in aller Frühe stieg ich wie zum letztenmal den Treppenweg nach Brissago hinab. Mehr als siebenhundert Stufen sollen es in Franziskas Kindheit gewesen sein, als sie die Welt noch für zählbar hielt, von der vorderen Haustür bis hinunter ans Ufer. Franziska hat mir am Tag meiner Ankunft das Haus aufgesperrt, sie hat als Kind hier gewohnt. Wäre meine Tochter hier, sie hätte die Stufen (sagte ich mir als Vater) längst nachgezählt und gesungen. Jede Stufe hat ihren Ton. Ich fuhr mit dem ersten Bus nach Locarno. Gleich am Bahnhof kaufte ich Serien von Ansichtskarten. Es ist noch früh, es ist ja noch nicht einmal neun. Unter den Arkaden waren sie eben dabei, ihre Waren und den heutigen Tag herauszuräumen, Glasperlen, Brot und Schuhe. Bunte Tücher. Ich ging umher und redete mit allen Menschen, die ich im Sinn hatte, die jetzt hätten mit mir sein sollen. Es gab, sah ich, Zahnradbahnen, Kabinen- und Sessellifts. So ein Nebel ist auch nicht schlecht. Die Mauern glänzen vor Nässe. Jeder Stein in seinem eigenen Glanz. Der See unsichtbar. Als ob sie die Berge für heut noch nicht aufgestellt hätten, so hing der Nebel zwischen den Bergen. Die Eisverkäufer und die Straßenmusikanten fingen auch eben an. So eine reiche Stadt und nicht ein einziger Bettler. Ein allgegenwärtiger Wachtraum, so groß meine Müdigkeit. Warum denn hierhergekommen, warum bin ich hier? Doch nicht, damit ich mir Zeitungen kaufe, die es auch in Brissago gibt. Schon eher, um die vielen hiesigen Eissorten auswendig zu lernen, damit ich meiner Tochter davon berichte. Auf der Piazza Grande kurvten die Autobusse brüllend um die gekenterten Wolken herum. Aus Ungeduld, weil ich wollte, daß endlich die Sonne durchkäme! Um das zu erzwingen, deshalb so früh heut hierhergekommen, erst jetzt kam ich drauf. Ich hätte den ganzen Tag im Bett bleiben können und lesen, auch morgen und Montag; schon wochenlang kaum noch Schlaf.

Und jetzt? In Locarno herum? Caféhäuser, Zeitungen, Mahlzeiten? Bergauf mir die schönsten der alten Landhäuser aussuchen, wie um darin zu wohnen? Mir passende Leben auch dazu ausdenken, aber es ist eher ein Wohnort für Börsenschieber und Bankpräsidenten. Plötzlich ging mir auf, daß ich seit fünf Jahren schon nicht mehr rauche; vorher ewig Kettenraucher. Mit dem Bus, mit dem Schiff zurück? Zum Stein werden zwi-

schen den Steinen? Ich hätte zu Fuß gehen können, aufrecht, in
Zweifel und Selbstgespräche verstrickt, als einziger Mensch auf
der vielbefahrenen Uferstraße (kleiner als Ameisen nähern sich
die Reisenden aus dem Norden). Oder über die Berge heim und
mir eine Geschichte erzählen, damit ich weiß, wer ich bin. Die
schönsten Wege finden sich am oberen Saum der Baumgrenze,
dort ist auch das Licht am schönsten. Meistens wird es Abend,
bevor man dort hinaufkommt, wo die Wege dann anfangen.
Dort gibt es Bäume, genau wie in meiner Kindheit die Bäume
im Paradies. Mit dem Bus nach Cannobio, das ist schon Itali-
en, und von dort mit dem Schiff auf die andere Seite des Sees,
weil sie seit Tagen schon nicht zu sehen ist, diese andere Seite?
Nach Cannobio, nach Cannero? Und über die Berge zurück,
ob ich dann endlich Schlaf fände? Aber wer auf so einem Weg
an einem Tag wie dem heutigen in ein Unwetter hineingerät,
der bleibt meistens verschollen, also ja oder nein? Mit dem Bus,
mit dem Schiff nach Indra, das ist hier die größte Stadt weit
und breit, eine Hafenstadt. In Indra ist heute den ganzen Tag
Markt. Ich könnte mir auf dem Markt endlich Schuhe kaufen.
Hier die alten Schuhe, da kommen ja alle Straßen schon durch,
das ist wahr! In Indra der Markt (was soll ich euch davon erzählen, sagte ich zu den vielen Menschen in meinem Kopf),
das ist schon eine Stadt für sich. Haufen Volks und ein jeder
unentwegt in sein Dasein vertieft und hineinverstrickt, ein jeder mit seiner Geschichte. Marktkneipen gibt es und Höfe und
Winkel, da gehst du wie in ein altes Bild hinein. Warum nicht
neue Schuhe, wenn ich schon einmal überzähliges Geld hatte.
Und mit den neuen Schuhen dann sehen, wie es weitergeht in
meinem jederzeitigen Leben, ja oder nein? Bin ich denn nicht
seit wenigstens dreitausend Jahren unterwegs in dieser oder je-
ner Gestalt und die meiste Zeit auf der Flucht und kein gutes
Schuhwerk um übers Gebirg zu gehn – und was jetzt? Kannst
nicht bleiben, nicht gehen, nicht bleiben! Ich hatte nicht einmal
mehr die Geduld, im Autoverkehr einen ruhigen Augenblick

abzuwarten, bevor ich über die Straße ging. Wie eine Fackel stand ich und brannte mit meinem ganzen Leben unter den Samstagmorgenarkaden. Beruf: Schriftsteller. Wie lang will ich schon eine anständige Tischlampe und ein einfaches Heftgerät, so ein praktisches kleines Ding zum Zusammenheften von beschriebenen Zetteln. Ich bin ein paarmal fast verhungert in meinem Leben und ich hab noch lang nicht ausgeträumt! Ich bin meine alte begründete Kinderangst vor der Obdachlosigkeit in Deutschland nicht einen einzigen Tag losgeworden. Immer war mir in diesem Land, mein Schreiben sei illegal, kriminell! Immer abwechselnd im Exil und dann wieder auf der Flucht, so hab ich in diesem Land gelebt seit ich drei war. Einen Espresso im Stehn, noch einen, noch einen. In der Kneipe die Wände aus dunklem poliertem Holz. Eine Schiffsuhr aus Messing. Im Spiegel, das bist du selbst. Für drei Espressi noch nicht einmal drei Minuten gebraucht. Schon mein ganzes Leben lang will ich gern mehrerlei Dinge *gleichzeitig* tun. In Ruhe. Vielleicht sogar an verschiedenen Orten. Wenigstens ist mein Buch fertig und damit hab ich fürs erste den Tod besiegt! Ich sah mich an einem Wintertag in Amsterdam, die Grachten gefroren; es mochte zwei oder drei Jahrhunderte hersein. Ein Fremder in einem schwarzen Mantel, so seh ich mich gehen und im Gehen in Gedanken meiner Tochter unentwegt Geschichten erzählen vom Zaubervogel Jilawel, der die Welt aus der Luft sieht und immer von mir zu dir und von dir zu mir fliegt, mein Kindchen! Klar, sagte sie, kenn ich den! Er kommt ja jeden Tag zu mir! Da war sie noch klein und blieb lang noch klein. Es ist kalt und die Möwen schreien. Ich wollte zu Rembrandts Haus. Über den Rokin, am Wasser entlang und mich dabei fragen, ob er wohl Frieden hatte im Alter. Im Lexikon wird es nicht stehen. Aber hat er nicht Frau, Geliebte und Tochter immer wieder im Schlaf gezeichnet und heißt das nicht Jahre und Jahre voll Arbeit und Frieden? Liebe Bianca, schrieb ich (im Gehen, im Kopf), jeden Tag sehe ich ein Kind, das dir ähnlich sieht, mindestens eins. Schon seit dem 8. September 1989. Ich ging: ich ging vor meinen Blicken her, es war immer noch früh am Morgen. Nicht ein einziger Bettler weit und breit. Von der Liebe geschlagen (überall seh ich uns gehen! Auf jedem Weg kam sie mir leuchtend entgegen!) ging ich mit raschen Schritten durch den Nebel über die Piazza Grande, unverwundbar zwischen den rasenden Autobussen hindurch. Aufs Postamt, um ein bißchen von meinem Geld, mehr als ich die letzten drei Wochen zum Leben gebraucht hatte, in Ein- und Fünf-Frankenstücke umzuwechseln. Dann will ich mir (mein ganzes Leben im Gedächtnis und die Nummern alle im Kopf) eine ruhige Telefonzelle suchen, für alles, was ich noch nicht gesagt habe oder nicht oft genug! Derweil seit Tagen zum erstenmal die Sonne durchkommen möge, in aller Ruhe, die gleiche wie immer. »Keiner stirbt« heißt mein neues Buch.

II – Juli 1982, Frankfurt – Erzurum

Kannst nicht bleiben, nicht gehen, nicht bleiben: so viele Zeiten und Länder und jetzt hier. Ein kühner Türke von der Müllabfuhr oder wer du *jetzt* bist, von der Straßenreinigung. Fängst immer schon um vier Uhr früh mit der öffentlichen Dreckarbeit an, finster und stolz, umso eher kannst du nachmittags mit deinem riesigen alten Fordbus auf eigene Faust, Schwarzarbeit: Umzüge machen, Funkbote, Waren ausfahren, Obst und Gebrauchtmöbel, Stadtverkehr, immer zu spät dran, jedes Stopschild dein Todfeind, Transporte, Transporte in Frankfurt am Main. Noch ein Sommer, wenn du mittags von der Arbeit heimgehst, sind die zwei Straßen mit ihren vertrauten Ecken und Eingängen wie eine matte Erinnerung schon. Als ob deine und jegliche Zeit hier längst vorbei, wie wenn du dir nachsiehst: da bin ich und dort gegangen! Scheints immer der gleiche Moment und so geht dir wieder ein Sommer drüberhin. Fällt dir ein, wie du vor fünfunddreißig Jahren den Kühen auf der Wiese zugesehen hast, wie sie da friedlich glotzten, nämlich dem Sommer zusahen, wie er ins Land und durchs Land und vorbeiging; mein Tal nach Südwesten, die Kühe vom Keulerheinrich.

Und jetzt hier. Und jetzt hier. Sooft du diese untergehenden Schutthalden von Straßen, Baustellen, Ruinen siehst und wieder und wieder anstarrst in diesem unwiederbringlichen Mittags-Nachmittags-Abendlicht, weißt du: nicht mehr lang! Nächstens bald eines Tages (in diesem oder deinem nächsten oder übernächsten oder tausendsten künftigen Leben): eines schönen Tages, nachdem du bis zuletzt wie ein Sklave geschuftet hast – oder eher wie eine zum Bersten angespannte Maschine mit überhitztem Motor, ausgefransten Keilriemen, immer wieder geflickt, mit heißgelaufenen Triebwerken, rostigen Scharnieren, geplatzten Ventilen – wirst du deine sechs- oder zwölf- oder wievielköpfige Familie (zählen kannst du dir sparen, kannst du sie später noch, ist nicht nötig) zusammensuchen-rufen-treiben auf einen Fleck, zum ersten und letzten Mal: tief atmen! Als ob hier die Zeit längst vorbei, nicht nur deine Zeit, sondern die Epoche und was kommt dann!

Frau und Kind und wie sie sich in deiner Vorstellung mit ihren Namen, Stimmen, Eigenschaften, Wünschen und Kleidungsstücken unablässig vervielfachen, zeitweilig sind es bis zu sechs Frauen und maximal zwölf Kinder, wenn du alle ihre Eigenschaften, Namen und Widersprüche, wenn du sie richtig gezählt hast; Gedächtnis. Wer kennt sie denn außer dir? Ihre Namen kommen und gehen und brennen dir auf den Lippen den lieben langen Tag. Und daß nur ja kein Streit unter ihnen, das würde uns gleich noch verdoppeln, zerreißen, vervielfachen. Ins Unermeßliche, so schlichtest und schlichtest du, stiftest unentwegt Frieden dieser grenzenlosen Gemeinschaft; du *wirst* sie liebevoll in den großen alten, über Nacht frischlackierten Fordbus einladen, es wird Zeit. Als ob du sie geschrieben hättest, so sind dir ihre Leben ans Herz gewachsen. Als ob *du* jeden Tag ihren Schmerz verursachst. Auch das bißchen Gerümpel, was du dir mit deiner jahrelangen Idiotenarbeit unwillkürlich angehäuft hast und kennst hier keinen Menschen und bringst es jetzt nicht übers Herz, es gleich wegzuschmeißen, aufzugeben, zurückzulassen wie ausgesetzt vor dem leeren Haus. Auch wenn du jetzt schon weißt, wirst es nie mehr brauchen, es rettet dich nicht, das Zeug. Lädst das alles ein, schmeißt rundum die Türen zu, deine zerrissenen alten Sandalen kannst du hier vergessen. Einsteigen, immer barfuß gefahren. Eisern, nie müde geworden! Acht Jahre lang hast du vergeblich auf ein Paar neue Sandalen gespart, wird dir sowieso kein Mensch glauben.

Was suchst du und gaffst auf diesen leeren Fleck Gehsteig, als sei das die Ferne – erinner dich doch! Gestern noch wie ein Narr in einem Zug vierzehn Stunden geschuftet, dann zu essen vergessen, deine vielen Frauen und Kinder hungrig ins Bett gebracht, schlaft jetzt, das braucht seine Zeit, beeilt euch! Dann die Lichtleitung lebensgefährlich repariert, die Kinderschuhe, die Fenster mit Plastikfolie, die Schreibmaschine mit Fensterkitt, jetzt noch Kaffee rösten? Jeden Tag ein Pfund, das brauchst du für dich allein. Dann wegen der reparierten Lichtleitung doch lieber eine Kerze, *flackert* so, und mit brennenden Augen Behördenbriefe geschrieben. An vier Amtsgerichte und ein Landgericht; Jugendamt, Vormundschaft, Sozialamt, Bank und Friedhofsverwaltung; ging schon auf Mitternacht. Immer wieder mit immer anderen Wörtern um Stundung, Aufschub, Verständnis mit Durchschlag bitten. Nie zweimal die gleiche Wendung. Hinter der Weltkarte ihre ruhigen Atemzüge, du hast sie dir nicht bloß eingebildet. An den Hausbesitzer und das Auswärtige Amt, was aus dem undichten Dach werden soll, seit nunmehr vierzehn Jahren korrespondiere ich mit ihren sterbenden Botschaftern gutwillig nicht um einen Grabstein, sondern um eine Geburtsurkunde, die ich nicht für mich will, sondern. Das Dach über unseren fragilen träumenden Köpfen, laut Mietvertrag. Dann mit letzter Kraft *leise* die Möbel, Kisten, Koffer, Pappkartons, Plastiktüten, ganz taumelig schon. Stück für Stück sechsundachtzig Stufen hinab in den stillen Nachthof geschleppt. Leise, wie zu seiner geheimen Versammlung. Daß du das noch geschafft hast. Mit vorzüglicher Hochachtung. Und ganz zuletzt letzte Nacht, beinah tobsüchtig schon vor Müdigkeit, noch den Bus umgespritzt, kaum daß man die Hand vor Augen, so finster. Gelegenheit, den Lack schon seit Jahren aufgespart. Direkt auf den Dreck, auf den Rost und die Blechschäden hast du dein leuchtendes Himmelblau, dann muß Tau gefallen sein, gegen Morgen. Dann zu mude zum Schlafen, wird es nicht endlich hell, alles um dich her ohne Farben, hast du verschwitzt auf den feuchten Kissen gesessen: daß du das noch geschafft hast! Kühl wie Wasser die Luft. Die Vögel, sind keine Vögel mehr da? Und nur noch so mit dir selbst, die Schultern gezuckt, ein mattes leeres Lallen: ja, siehst du, so ist das. Gefasel. Und dir Musik und Mahlzeiten ausgedacht, gegen Morgen, und jetzt ist er da, dein Tag.

Und während sie neben dir, hinter dir noch verblüfft schweigen und sind da und sind wirklich und fangen dann gleich wieder an, dir die Ohren vollzustopfen mit ihren geliebten Stimmen (vielleicht hast du den ganzen Tag gebraucht, um sie zusammenzukriegen in deinem Gedächtnis), der letzte Moment, jetzt drehst du die Musik im Autoradio-Cassettenrecorder so laut es nur geht, noch lauter! Und fährst ab, egal morgens oder abends, abgefahrene Reifen, Bremsen, die Nerven, die Kupplung ausgeleiert, zwo Zylinder im Arsch, die Kardanwelle mit Draht und Isolierband, der Kühler fängt bei Standgas zu kochen an (darfst du in keinen Stau und an keiner Ampel halten), durchgerostet der Boden und Beulen, Beulen sogar auf dem Dach; fährst im Schrittempo hier den Rinnstein entlang, am irregulären Sperrmüll vorbei durch die geplünderte alte Straße, um zu sehen wie sie langsam aus deinem Rückspiegel fließt, gleichsam ausrinnt, versinkt: weg für immer.

Lebend die Stadt verlassen! Und fährst, am Straßenrand sind Befehle aufgestellt, vielleicht fängt es gleich an zu regnen, und fährst und hast schon vergessen, was du einst hier zu finden gehofft hast: nie seßhaft gewesen! Um die erste und nächste Ecke: vielleicht hat es angefangen zu regnen und regnet und regnet bis Niš, bis nach Edirne, oder schon auf der Autobahnauffahrt West ist es so heiß wie am Persischen Golf – und fährst ohne Rast ohne Pause ohne anzuhalten, außer zum Tanken, da brauchst du nicht aussteigen, keiner steigt aus, ihr sollt mir einmal nicht dreinreden, Teufel auch! Nie seßhaft gewesen! Mit der schönen irren lauten Musik und die Horizonte in einem anderen Rhythmus der Ewigkeit, aus so einem Bus weit voraus geht dein Blick, weit hin übers schwindende Land, über die Alpen über die Adria über die langweilige jugoslawische Autostraße Nr. 1 wie in der Wiederholung eines jahrealten Wachtablettentraums bis ins äußerste Ende der Türkei – wenn du ankommst, vielleicht kannst du aufatmen oder was. Wenn du ankommst, vielleicht hast du Worte gefunden für die versunkene (verschüttete) Zeit hinter dir. Oder kannst sie endlich vergessen, kannst wenigstens das Gerümpel, unterwegs endgültig zu Bruch gegangen, endlich wegschmeißen: leichten Herzens? betrübt? gedächtnislos? Der alte Fordbus, daß du das noch geschafft hast, bleibt als komfortabler Hühnerstall mit Scheibenwischern in Erzurum, die Räder versinken im anatolischen Sand.

Endlich angekommen! Jetzt schlafen alle, kann deine hilflose Liebe ungestört blühen. Jetzt gehst du herum und kannst keinen Schlaf finden. Jetzt fällt dir ein, in Edirne hast du um jeden Preis anhalten wollen, nur fünf Minuten und einen winzigen türkischen Kaffee trinken. Auf dem großen Platz mit den Baldachinen, blutrot, und den Silbermonden, von der Staatsbank gestiftet. Nur zur Erinnerung, weil das vor vielen Jahren fast schon am Ende deiner Jugend deine erste morgenländische Stadt gewesen ist. Eine uralte Karawanenherberge gibt es dort, an die hast du beim Einschlafen oft gedacht, wo ist die Zeit denn hin? Jetzt gehst du herum und kannst keinen Schlaf finden, kannst dich nicht trennen von dir und der Welt. Sanddisteln, Geröll, warum hier? Fern der Wind oder sind das Wölfe? Glücklich, spürst wie dein Gesicht sich endlich entkrampft, diesen weiten Weg gekommen! Seit Jahren zum erstenmal, jetzt hättest du direkt Zeit und Platz genug in deinem Kopf für ein Gedicht, hat es nicht bereits angefangen? Barfuß. Nicht gleich, nach ein paar Stunden ruhiger Schlaflosigkeit, wenn die ersten von ihnen aufwachen, wirst du wissen, ob ihr weiterfahrt und wohin – nach Damaskus, Jerusalem, Kairo, die Wüste, die Wüste. Nach Teheran, Kabul, Kaschmir, Tahore, Madras, dann weitersehen. Oder zurück, noch einmal die gleiche Strecke zurück, deine Sandalen am Rand des Gehsteigs wie du sie verlassen hast, geputzt hat sie keiner, aber auch nicht geklaut das heißt unbefugt weggeschmissen. Höchstens daß sie im deutschen Regen ein bißchen mehr aufgeweicht, doch werden noch lang, ach Jahre und Jahre. Und gleich weiter ans Nordkap. Und auf die Hebriden, die schwimmen dir mit den Jahren jetzt auch immer weiter davon.

III – November 1989, Edenkoben

Der Sommer bis weit in den Herbst hinein, bis Anfang November hat in diesem Jahr mein Sommer gedauert. Dann ein Sturm in der Nacht. Dann jeden Tag fliegt das Weinlaub am Fenster vorbei, jäh ganze Felder fliegen vorbei. Ich stand am Fenster und mußte mich festhalten. Ich stand und dachte mir aus, wie ich früher an solchen Tagen, wie ich da hätte trinken müssen! Immer nur weggegangen. Am Abend zog ich zum erstenmal in diesem Herbst meinen schwarzen Mantel an und ging in der Finsternis, in Wind und Geniesel die Klosterstraße hinunter. Ich ging als ginge ich schon für immer. Die Hoftore zu, Läden klappern. An den Giebeln die Jahreszahlen, erst durch das achtzehnte, dann durch das siebzehnte Jahrhundert, die Straße ist lang. Wie ein nasses Tuch zerrt der Wind das Geniesel herum. Ein Hund schräg den Rinnstein entlang, die Hunde haben das Wetter gern. Kaum sieben und schon stundenlang Nacht. Nicht mehr lang und mein Jahr geht zuende. Immer stärker der Wind, wo will ich denn eigentlich hin? Edenkoben liegt in der Pfalz, ich hatte dort ein Stipendium; ich hätte gern bleiben wollen und ein Buch nach dem andern schreiben.

Abends ging ich oft zu Natascha. Wir sitzen in der Küche und trinken erst Tee, dann Kaffee und dann wieder Tee, drei Sorten Tee. Sie hat Plätzchen. Ein Feuer im Ofen. Meistens, seit es kalt ist, arbeitet sie in der Küche. Ihr neues Buch ist gerade erschienen. Jetzt übersetzt sie ein Buch aus dem Russischen. Ihre Eltern sind aus Rußland. Sie ist in Nürnberg geboren. Sie schreibt deutsch. Sie hatte vorher das Stipendium und wollte bleiben und fand ein weißes Haus mit einem roten Ziegeldach und mit braunen Läden. Drei Stufen davor, eine weiße Lampe über der Haustür. Der Garten, die Nacht ums Haus. Auf dem

Küchentisch Tabak, Schreibmaschine und Wörterbücher. Da sitzt sie und man könnte glauben, sie hat schon immer hierhergehört. Nie hätte ich gedacht, daß es so leicht sein könnte, seßhaft zu werden. Auch noch vor meinen Augen. Edenkoben ist eine Kleinstadt aus zwei Dörfern. Es ist Herbst. Vom Leben will ich erzählen, von meiner neuen Liebe. Sie heißt Bianca. Wie hab ich denn vorher gelebt, kannst du mir das sagen? Seit September, sooft sie zu mir kommt, durch halb Deutschland jedesmal kommt sie gefahren. Ich fuhr ihr entgegen. Wir treffen uns da und dort und reisen gemeinsam weiter: hierher oder diesem und jenem fahrigen Ziel entgegen und mit all den Bildern, die uns durch die Köpfe ziehn. Vor zwei Wochen im Zug unterwegs zu ihr. Grün auf den Feldern die Wintersaat, Krähen und eilige Wolken am Himmel; Deutschland im Herbst. Am Donnerstagmorgen Punkt zehn steht vor dem Kasseler Hauptbahnhof ein fuchsrotes Fluchtauto für zwei Personen in Richtung Norden bereit, hatte sie mir geschrieben. Unsere Briefe kreuzten sich immer. Wir telefonierten alle paar Stunden. Wir wollten versuchen, unsere Leben zusammenzubringen und wußten nicht wie. Überall, schrieb ich, wollen wir uns treffen und sehen und zueinander kommen, aber wollen auch bleibenlernen. Das Leben, sage ich jetzt zu Natascha, verstehst du, warum das Leben immerfort so an mir zerrt? Ach, Jahre und Jahre schon. Natascha ist vom Anfang an die Augenzeugin meiner Liebe, so haben wir immer ein Thema. So still und dunkel der Abend und wie die Lampen leuchten. Der Wind kommt ans Fenster, Wind und Regen. Wir sitzen hier in den Abend hinein wie die Menschen in einer russischen Erzählung aus dem 19. Jahrhundert. Čechov, Turgenjev. Der Garten, die Nacht ums Haus. Wieder Herbst.

Mit der Zeit, sage ich, ich will sehen, ob ich mir mit der Zeit nicht doch auch ein besserer Freund werden kann, das ist auch wichtig. Schreiben werde ich sowieso immer, darum muß ich mich also nicht kümmern. Aber um den Schlaf und die Pausen und um die Menschen und um den Frieden in meinem Leben. Und wie dieser Frieden jeden Tag wieder begrüßt werden will und was wünscht sich der Frieden von Mahlzeit zu Mahlzeit als Nahrung? Das ist wahr, sagt Natascha. Sie hat die Schreibmaschine beiseitegerückt und fängt an, Gemüse zu schneiden. Ich esse immer gern ein paar rohe Möhren, Weißkraut, Rotkraut, Sellerie, Blumenkohl, Chinakohl, alles roh. Genau wie als Kind bei meiner Mutter am Küchentisch. Da saß ich und schrieb jeden Abend. Es waren meine ersten Bücher, jede Woche eins oder immer einunddasselbe ewige Buch. Ich war zehn-elf-zwölf Jahre alt und wußte längst, das Schreiben ist meine einzige Möglichkeit, auf der Welt zu bleiben. Ich hatte nur diesen einen Platz auf der Welt, eine Ecke am Küchentisch meiner Mutter, eine Ecke, die jedesmal wieder abgeräumt werden muß. Es gab nur diesen einen Tisch. Und Wolfgang, frage ich jetzt, das ist Nataschas Freund. Gestern abgereist, sagt sie, er kommt in den nächsten Tagen. Er ist immer gerade abgereist und kommt meistens in den nächsten Tagen. Wenn er da ist, sitzt er im Nebenzimmer auf einem Klappstuhl an einem Campingtisch. Bücherstapel auf dem Fußboden und immer mehr volle Plastiktüten, die meisten voll Bücher. Neben der Tür immer griffbereit seine Reisetasche. In der Reisetasche noch ein halbes Fischbrötchen vom Nürnberger Bahnhof drin. So sitzt er und schreibt, wenn er da ist, und läßt sich in keinerlei Angelegenheiten verwickeln. Meistens schreibt er mit der Hand. Wind und Regen ans Fenster. Draußen ein Motorrad vorbei, dann ein langsamer Traktor. Immer noch das Dorfzeitalter meiner Kindheit, daß ich in Gedanken jeden Tag wieder um mich her aufbauen muß. Wenn du schon, sage ich, diese Katzenallergie hast, willst du dir nicht wenigstens einen Hund halten? Und ein Schaf auch und einen Esel, jetzt wo du das Haus und den Garten hast. Gänse wären doch auch schön. Ja, sagt sie, die auch. Aber doch am liebsten hätt ich einen Pfau!

Fang doch auch einen Hausstand an! Ja, im Dezember, sage ich, da kommt die Bianca zu mir. Wir wollen den ganzen Dezember hier in Edenkoben zusammensein. Vielleicht bleibt sie den ganzen Winter. Inzwischen haben wir zu essen angefangen. Nicht das Gemüse, das muß erst kochen, es ist für morgen. Heut gibt es Gulasch. Ich kam immer zum Essen zurecht.

Nach dem Essen sachkundig und hingerissen von Ruhe und Frieden gesprochen und wie ich mich danach sehne. Natascha am Küchentisch unter der Lampe. Sitzt und raucht. Nicht zu glauben, daß man bis vor ein paar Tagen noch im Garten und auf der Veranda leben konnte, so lang hat in diesem Jahr hier in Edenkoben der Sommer gedauert. Ich ging mit meiner Erregung zwischen den Wänden herum und sah meinen Schatten fuchteln. Ich kann mich nirgends mehr ausruhn, sagte ich. Weißt du, daß ich seit sieben, seit fast zehn Jahren schon nur aus dem Koffer lebe? Seit Jahren schon wie in einem fahrenden Zug. Immer abwechselnd wie ein Emigrant und dann wieder auf der Flucht. Erst jetzt bin ich drauf gekommen, auf der Flucht ist mir lieber! Nochmal Kaffee? Lieber Espresso! Erdnüsse gibt es auch. Wind und Regen ans Fenster. Wir wollen uns auf den Dezember freuen! Wann kommt denn der Wolfgang zurück? Was macht ihr denn in diesem Dezember? Vielleicht kommt auch meine Tochter Carina! Kriegt ihr nicht auch noch Besuch? Wollen wir nicht bald nach Frankreich zum Einkaufen fahren? Auf ihrem Küchentischtuch ist eine Herbstwiese drauf. Wie ein Stück eigenes Leben ist mir dieses Tischtuch, sooft ich hier sitze. Wie die Erdnußschalen hier unter der Küchenlampe mich an die Abendkarawanen meiner Kindheit erinnern! Wir kommen alle zusammen und backen Plätzchen, sagte ich. Wir sind Schriftsteller alle vier. Wir kamen jedesmal wieder darauf, daß wir alle vier unentwegt unsere Leben hin- und herschleppen, daß jeder von uns ein paar Wohnorte hat, folglich keinen. Nur allein für die Telefonrechnungen, weil wir nicht zusammen sind, weil wir die Nähe nicht und die Ferne auch nicht ertragen, geben wir mehr Geld aus jeden Monat, als die normalen Leute für ihre Sparbriefe, Lebensversicherungen, Bausparkassen und Mieten. Wie hoch ist denn ein Durchschnittseinkommen jetzt? Ich bin der letzte Mensch ohne Scheckkarte. Vom Essen im Stehen, von der verlorenen Zeit und den Bahnhöfen, Abschieden und Eisenbahnfahrten gar nicht zu reden. Warum sind die Menschen, die ich liebhabe, nie bei mir? Ich hab nie den Abschied gelernt, nicht gekonnt! Jeder Abschied ein Abschied für immer, jeder Abschied bringt mich fast um! Zehn Uhr, als ich ging. Sie ging mit mir zur Haustür. Wie zum Ersticken, wie unter der Erde, sagte ich, wenn ich an mein Leben denke. Dabei ist hier in Edenkoben die Luft mir noch leicht. Kennst du das Gedicht von Mandelstam, in dem es heißt: Hin zum Fluß Jenissej führ mich weg, in die Nacht! Kennst du es? Ja, sagte sie, ich glaube, es ist schlecht übersetzt. Anders kann es auch gar nicht sein. Soll ich dich heimfahren, fragt sie. Neinnein, sag ich, lieber geh ich! Es regnet ja nicht. Das ist nur so ein Geniesel, ein Wetter wie in meinen Büchern. Mein Gott, Natascha, richtig wie eine Einwohnerin stehst du hier vor der Haustür! Es stimmt ja auch! Und das Haus sieht aus wie ein Arzthaus, wie eine Zahnarztpraxis. Und über der Haustür die Lampe. Jetzt ist mein Buch bald fertig. Weißt du, daß euer Waschküchenfenster in meinem Buch vorkommt? Ja, sagt sie, du hast es mir schon gesagt. Also paß auf dich auf und bis morgen! Ja, rief ich, weiter weg schon. Mir kann gar nichts passieren. »Keiner stirbt« heißt mein neues Buch.

In der Finsternis heim durchs Feld. Der Bach rauscht, die Nacht, der Wind in den Bäumen. Bald Frost. Eine Finsternis wie im 18. oder 19. Jahrhundert in Rußland, dann eine heidnische Finsternis wie aus der Vorzeit. Immer stärker auch das Geniesel und der Wind zerrt es hierhin und dorthin. Hier bin ich im September in der Mittagshitze, im hellen Licht, in der hohen Stille durch die Weinfelder gegangen, mein Herz vor mir her wie ein ungeduldiger Vogel, und die Erde hat sich unter meinen Füßen bewegt. Ich ging schneller. Bei mir im Fenster ist Licht, ich hab es wohl brennen lassen (so schnell kam der Herbst ins Land). Man könnte denken, da sitzt er und schreibt, der Verfasser. Oder daß die Bianca da ist! Der Schlüssel steckt immer. Es ist außerdem gar nicht abgeschlossen. Daß sie, wie früher schon, losgefahren wäre, weil sie mich am Telefon nicht erreicht hat. Losgefahren und angekommen, es sind 350 km. Ja, bleibenlernen! Will ich nicht lang schon ein Haus? Wie denn, fragst du dich dann, das Haus als Symbol, ein Spiel, du als Gast und es wäre in der Gegenwart dein fünfter oder sechster Zweiter Wohnsitz auf Erden, du nirgends, nicht da und nicht dort! Oder wie du dir als Kind (ich ging immer schneller) in jeglicher Fremde die schönsten Häuser ausgesucht hast und allerlei Menschenleben dir dazu ausgedacht, mit vielen Türen ein Haus für deine Geschichten, meinst du denn so ein Haus? Nein, richtig ein Haus zum Drinleben, Haus und Garten. Land und Himmel und Horizonte, die ich nicht müde werde zu sehen. Bei jedem Wetter. Und ein paar unverdrossene Feldwege, die alle Tage geduldig daherkommen, die mich kennen und grüßen und mit mir zu reden anfangen. Gäste auch, Platz genug und auch jederzeit Zeit. Gern auch fünf Kinder! Du bist ja selbst schon fünf Kinder, hat sie heute zu mir gesagt. Ja also, lebendig fünf Kinder und immer die gleiche Frau. Und natürlich uralt werden. Wie die Bäume, die Bäume gehören dazu. Meinetwegen mit Grundbucheintrag und staatlichem Segen, ein Haus für die Ewigkeit. Ein Haus, wie ich es mir lang schon wünsche, ein Haus mit allen vier Jahreszeiten gleichzeitig ums Haus herum, je eine auf jeder Seite. Frühling, Sommer, Herbst und Winter. Angekommen, gleich da.

VOR DEN

ABENDNACHRICHTEN

1

Wenn der Gemeindediener nicht da ist, nicht aufzufinden – in welcherlei fremden oder eigenen Angelegenheiten, fragt man sich, in Gottes Namen, wo kann er denn hinsein? Nach Lollar, nach Mainzlar? Am heutigen Tag mit Akten amtlich durch unsere Weltgeschichte dahin, mit Fahrrad mit Hülfsmotor? Aufrecht an der Spitze einer eiligen Staubwolke – flink wie eine Schwalbe im Flug und stolz wie ein Reiterdenkmal, sonst mit nix zu vergleichen. So ein Wetter, man weiß nicht recht, was für ein Wetter das sein soll. Kein Vogel singt und die Obstbäume stutzen ist sachkundig wieder der falsche Tag, die verkehrte Zeit; dick weiß mit Kalk die knorrigen Stämme einpinseln (sind Gestalten, haben Gesichter) und unverzagt an den Frühling glauben, noch einmal? Mit Amtszetteln sich aufgemacht, mit Bekanntmachungen? Vor welchem Schuppen, Hühnerstall, Holzstoß, bei die Druschhall, hinter den Scheunengärten ein vergessener Grasgarten, Krautgarten, Kräuterfleck mit vorjährigen Sonnenblumen und übermannshohen Disteln, ein Entenpfuhl, Gänsepirch, ein ehemaliger Holzlagerplatz, im Oberdorf ein versunkener Winkel, wächst Kresse, der ganze Rinnstein mit Kresse überwachsen, der Himmel ein trüber Spiegel, der Tag ist stehengeblieben, der Gemeindediener gerade hier unter diesem heutigen Himmel am heutigen Tag: hier in der Stille wäre er nun mit sich selbst zum Stehen gekommen. Joh also. Wahrhaftig. Wie ein Prophet, die Arme wie Flügel sacht angehoben und hat es schriftlich auf seinen Zetteln draufstehen. Und stünde und hätte die Amtlichen Bekanntmachungen öffentlich vorgelesen-verlesen-verkündigt, heute, gestern und übers Jahr. Und steht und steht. Wie ein Tannenbäumchen so still, wie eine Trauerweide, die sich nicht regt. Wo der Wind nicht hinfindet. Bei uns im Oberdorf hat ja jeder Winkel seine eigene Stille, und hat drei Namen. Und gleich ist der Abend da. Hat er eben sich räuspern wollen? Mit Entschiedenheit sich die eigene Nase geschnaubt, mit Schnupptuch, Daumen und Zeigefinger – hat er da *anfangen* wollen zu lesen oder war etwa eben fertig? Den Buchstaben ist das nicht anzusehen (lassen sich nix anmerken). Es ist einunddieselbe Stille davor und danach; die vorjährigen Sonnenblumen, schwarz und vertrocknet, neigen wie höckrige Hexen sich heischend herzu, stehen wie Hieroglyphen und gleich kommt der Abend. Nix regt sich, Zeugen sind keine da. Was soll man denken? Ein andermal regt sich ein Blatt, ein Zweig, ein Vorhang am Fenster. Sind so allerlei Vögelchen und treiben sich vor den Fenstern herum, Bachstelzen, Spatzen und Kohlmeischen. Hier aber hat es kein Fenster, so leer, so entlegen, so ein Winkel ist das. Was denken wir nun, was bleibt uns? Er tut die Amtlichen Bekanntmachungen immer da vortragen und verlesen, wo er gerade sich öffentlich aufgestellt findet. Hierorts in der Öffentlichkeit, für die Einwohner also. Die Paragraphen, die Zettel von Fall zu Fall. Lang und breit wie die Tage selbst, es ist wie mit dem Wetter. Meistens erweist sich, hat er doch wieder die richtigen Zettel erwischt. Auf der Schanz die Barackensiedlung, Friedelhausen: der Bahnhof, das Hofgut, das Schloß, gehören auch noch zu unsrer Gemarkung. Kein Frühling. Amtszettel austragen, betreffend die überfälligen vorjährigen Hundesteuern: die Hunde wollen nicht zahlen, streunen im Dorf herum, so ein Wetter, lassen sich Zeit. Nie kein Frühling!

Der Gemeindediener. Im Schuppen, im Backhaus, auf dem Turm – ist er nicht; dort nicht und da nicht. Gemeindeamtsschuppen hat es bei uns ja wenigstens drei oder vier. Wo kann er nur hinsein? Um die Gemeindeamtsschuppen herum ortskundig den Tag abschreiten? Steil bergab nach Kirchberg hinab, zum Kirchberger Pfarrer? Für das Fahrrad mit Hülfsmotor (es surrt wie ein Bienenschwarm) ist jetzt das Wetter zu schlecht; die Wege alle seit Wochen in Dreck und Morast versunken, der Kirchweg den Berg hinunter. Erdreich und

Steine: hinweggespoilt, auf und davon der Kirchweg. Die Lina, das ist seine Frau, hat heut schon geläutet, hat auch keine Ahnung nicht. Der Schouldiener schon erst recht nicht. Wie er da übern Hof kommt. Mit schweren Schuhen. Könnte nun nicht auch seinerseits der Gemeindediener so daherkommen, Schritt für Schritt, und es hätte damit seine Richtigkeit? Der Bürgermeester macht ein Bürgermeestergesicht. Der Rechner, der Gemeinderechner betrachtet den Bürgermeester. Der Schouldiener wird auf die Suche geschickt, soll sich aber zur Dämmerung zwecks Feierahmd rechtzeitig zurückmelden, verstunden! Beim Bürgermeester zurückmelden! Kein Vogel singt, so ein Tag ist das heut. Bevor der Schouldiener geht, raucht er blitzschnell vier Zigaretten, fünf, sechs, in tiefen Zügen; dann die immerfort nächste anzünden, nickt und hat sich auch schon auf den Weg gemacht, rauchend. Unser Schouldiener mit seinem ungardeitschen schwarzen Hut. Von Haus zu Haus, jedes Haus kriegt gleich deutlich ein Fragegesicht, ein Zweifelgesicht, jetzt sucht schon das halbe Dorf und verwundert sich mehr und mehr. Nach Lollar zum Güterbahnhof? Dort war er doch vorige Woche erst. Und dann gleich nochmal vor kaum ein paar Tagen erst. Es handelt sich dortselbst um einen bahnspeditionsamtlich verlorenen (einstweilen vermißten) Frachtbrief aus dem Jahr 1949 – muß man immer wieder rückfragen und Nachschau halten, nicht aufgeben oder wenigstens jedesmal neu sich gehörig darüber aussprechen, dort auf dem dortigen Frachtkontor. Bei jeglichem Wetter. Mit Wörtern, weit hergeholt, grandios und gewaltig: daß einem heiß und kalt wird dabei. Damit die Hin- und Heimwege sich verluhnen; sind auch weit, sind beschwerlich. Ziehen Wolken am Himmel, es geht auf den Abend zu. Auf einmal jetzt kommt seine Tochter dahergewirbelt, die Ilona. Und weiß von keinem Ort auf der Welt, weiß auch nicht, wo jetz ihr Vadder wohl ist oder sein kunnt. Diesen heutigen Nachmittag. Im Herbstwind, Nüsse hat sie gesammelt und weiß von nix. Sie wird rot und macht einen halben Knicks, sie geht in die siebte Klasse. Gummistiebel, dazu weiße Wollstrümpfe hat sie an und ein kirschrotes Kleid, das ist ihr schon jahrelang vielzukurz. Ein Strickkleid, jedes Jahr wächst sie weiter raus. Die Gummistiebel zwei Nummern zu groß. Jetzt grüßt sie noch einmal und ist auch schon davongerannt; braucht eine feste Hand. Weiter oben in der Straße lassen die kleinen Kinner Schiffchen fahren im Rinnstein, hurtige Holzklötzchen. In der Kälte, im Dämmer. Heiser den Hals sich gebrüllt, naß bis auf die Haut, und wollen noch lang nicht heim. Sie täten gern singen, doch wissen kein Lied. In Ewigkeit nicht.

Gleich da schräg übers Eck beim Keulerhoinrich Zwo kann der Gemeindediener doch auch nicht sein, da brennt kein Licht. Der hat ja heute noch gar nicht auf. In der Dämmerung, seine grüne Tür. Verloren: geht nix! An einem Tag wie dem heutigen wird der gesamte Lollarer Güterbahnhof mit all seinen Lichtern schon am Mittag komplett im Nebel versinken, im Ruß, im Staub, in der Stille hinter dem Lärm. Da steht man und weiß nicht, wo man hindenken soll. Der Gemeinderechner betrachtet den Bürgermeester. Von der Seite her. Wie wenn er überlegt, wo der ihn hingeschickt haben könnte und dann gleich drauf vergessen als Bürgermeester. Hierorts im Herbst jetzt oder wenn es schon wieder ein Nachwinter wäre. Mit dem Ernst-Ludwich feierlich die eine und andere vorläufige Zeit aushandeln für die fahrbare Kreissäge*, und es hätte selbstredend vorerst keine Eile damit. Demnächst oder die Woche darauf. Oder reden baldig noch einmal in Ruhe darüber, noch öfter. In Freundschaft, sooft man sich trifft oder aufsucht: einer den anderen. Dem Schoullehrer leihweise einen grasgrünen Schubkarren bringen und dann anstandshalwer das fragliche

* Die nicht ihresgleichen hat hier bei uns. Und auch sonst weit und breit auf der Welt nicht!

Gerümpel, es wird wieder Oktober sein, doch lieber gleich eigenhändig beiseitekarren und laut und deutlich sagen, es sei nun schon gottverflucht nicht der Rede wert. So eine Handvoll Gerümpel, Hirrejesses. Muß man mehrfach, aus Höflichkeit, als Gemeindediener, mit immer anderen Wörtern und Windungen. Und ein bißchen die dortigen Türen auch ölen, eine ganze Versammlung von Türen. Der Schoullehrer steht so dabei, als ob er sich bereithielte, selbst auch gleich mit Hand anzulegen. Sobald Not am Mann, sachkundig, beide Hände. Gleich auch die Schranktüren mit, die Gartenschere auch ölen. Man ist ja schon froh, wenn er als Schoullehrer, wenn er einem nicht zu sehr im Weg steht dabei. Es wird wieder Oktober sein, andernfalls Anfang März. Derweil der Schoullehrer erst über den Nordpol spricht und dann vom Napoleon, zur Belehrung. Ein Vortrag. Der eine ein Franzmann und tot, der andre weit weg und zu nix zu gebrauchen. Und ob wir lieber der eine oder der andere sein möchten bzw. gewesen, da muß man zum Glück jetzt und hier keine Wahl treffen, unsereiner. Als ob man dem Schoullehrer zuhört und versteht jedes Wort: so aus alten Holzkisten ihm rasch ein Regal zusammenzimmern, für in den Keller. Für die Winteräpfelchen, die aus den Mittagsgärten und die vom Kaltersrain; die einen sind süß und die anderen sind es nicht. Jedes Jahr wieder. Gleich auch beim Schoullehrer die Zaunlatten ein bißchen festnageln und Riegel und Schloß reparieren, nur so im Vorübergehen. Derweil der Schoullehrer ein gutes Stündchen auf seinem dunkelroten Samtsofa verstudiert hätte. Mit einer Kamelhaardecke zum Zudecken. Und vorm Fenster die letzten Blätter: fallen nun ab. Diesen seinerzeitheutigen Nachmittag. Geht wie im Lesebuch der Herbst durch den Garten und raschelt. Die Amseln auch. Hüpfen so. Immer vorm Einschlafen sieht der Schoullehrer mit geschlossenen Augen die Kamele in einer langen Reihe vorüberziehen. Aus dem Morgenland, wie Erscheinungen, den Blick in die Ferne: auf eine ferne künftige Ankunft hin. Jeden Tag wieder. Schön warm ist die Decke, weich auch, ist aus seiner Kinderzeit, ist von der Großmutter noch. Bloß so ein Nickerchen, nachher dann nachdenklich Tee trinken. Der Schoullehrer weiß bei sich im Kopp viele Gedichte auswendig, aber beim Schoullehrer ist der Gemeindediener nun auch nicht. Sonst sagt er doch immer, wo er hingeht, unser Gemeindediener. Meistens sagt er es immer. Kuntrelliert heut wumeglich die Tollwutschilder in der Gemarkung? Zur Überraschung, so eine Plötzlichkeit. Ob sie noch da sind, vollzählig, und ausnahmslos auch ihre Pflicht tun am heutigen Tag?

Ist er allein vielleicht in den Novemberwald, die Bäume fürs Holzschlagen anzuzeichnen mit roter und blauer Farbe? Der Wald rauscht, die Tannen und Fichten; der Laubwald steht leer, seufzt und stöhnt. Mischwald, mehrst Laub- als wie Nadelwald: Eichen hat es und Buchen. Ein Waldhäher zur Unterhaltung, ein Eichelhäher. Krächzt vor uns her, die Wege entlang. Und wir uns so nah, so ungewohnt nah, und gehen in Gedanken noch einmal alle Waldsommer unseres Lebens durch, Jahrzehnte; so geht man und geht. Allerlei Moos und Farn und seitliche Augenblicke, *die* auch betrachten, bedenken, und nicht vergessen, als wer man hier geht (sie wandern so mit). Und die schon gefällt sind, Stämme am Wegrand, gilt es für die Kreissäge zu markieren, für den Transport zu markieren. Aufschreiben auch. Für Brennholz, für die gemeindeamtlichen Holzversteigerungen. Im nächsten Jahr und im übernächsten, es soll eine Zukunft sein, kein Krieg mehr, und die Leute müssen es doch warm haben daheim in den Stuben. Bei sich selbst daheim. Auch nicht zu teuer, soll es nicht sein. So denkt unsereiner dahin des Wegs, geht und geht. Aber wenn er nicht Bescheid gesagt hat, dienstlich nicht und daheim nicht, zu keinem kein einziges Wort, und hat auch keinen Vesperimbiß nicht mit, dann ist er heute auch nicht in den Wald gegangen. Doch nicht als Gemeindediener verwunschen, was für einen

Aberglauben vom gestrigen Tag sollte man denn dazu sich ungeschickt ausgrübeln? Es ist Herbst, es geht auf den Abend zu; woran sich erinnern? Hat ihn keiner zuletzt gesehen? Jetzt will uns ja fast schon vorkommen, wir hätten ihn seit vielen Jahren nicht mehr zu Gesicht gekriegt, so eine eigene Bewandtnis. Ahnungen. Jetzt wird es jeden Tag früher dunkel. Ein Hund bellt, verschluckt sich an der naßkalten schweren Luft und fängt von vorn an, bellt und bellt. Den eigenen Namen sagt man sich vor. Wie eine Erinnerung, und fängt an zu frieren. Als sollten wir fortan unsere Zeit im immer dichteren Dämmer umhergehen, in dieser naßkalten schweren Luft. Ohne Haus, unsichtbar, mit nicht einmal einem Leib mehr, darin zu wohnen und auszuruhn. Auf die Nacht hin als Schatten, nicht lebend, nicht tot.

Soll man Kohlen aufs Feuer? Gleich ist der Abend da. Am Abend, da kommt der Gemeindediener *blinzelnd* aus dem Gemeindeamtskeller herauf. Mit schwerem Schritt, räuspert sich. Ist Feierahmd? Bald wohl schon Feierahmd, ha? Nämlich: nur schnell Nachschau hat er halten wollen, joh also. Noch keine drei Minuten! Nämlich nach dem Petroleumrest, noch aus der Zeit, wie man hierorts auf dem Gemeindeamt, also auf unserem Bürgermeisteramt, wir oder unsere seinerzeitigen Vorgänger auf der hiesigen Bürgermeisterei hierorts, joh Hirregott, wie man da noch Stücker zwo Petroleumlampen seinerzeit gehabt hat. In Benutzung gehabt. Das muß hierorts bis in die neuere Neuzeit hinein, die Jahre, die Jahreszahl müßte man ausrechnen; Jahrzehnte. Ob wir oder unsere seinerzeitigen Vorgänger, das müßte man nachsehen, womöglich gar einen Beschluß fassen diesbezüglich, wir und die Zeit. Jahrzehnte also. Der Rechner, der Gemeinderechner steht schon im Überrock, steht für den heutigen Heimweg bereit. Das nämliche Petroleum, mit dem amtlich die amrikanischen Kartuffelkäfer und Larven im Hof übergossen und angezündet und verbrannt werden: *knistert* so! Was hier die Schoulkinner jedes Jahr wieder in unsrer Gemarkung zusammensammeln, ihs Laad, ein Dekret, amtlich, eine Verurdning. Fremd-fremd: das bunte Geziefer. Noch von der Militärregierung her, wie bei uns hier der Krieg scheints aus war, und sie hatten es sich in den feinsten Häusern von Lollar gemoitlich gemacht. Amerika, U-ES-A. Joh, der Schouldiener, warum soll der Schouldiener denn nach ihm suchen? Wo ist der Schouldiener überhaupt? Oder kann es *Benzin* vielleicht sein im Keller? Höchstens zwo oder drei Minuten, das *mußte* ihm jetzt zum Feierahmd so verquer in den Schädel, in den eigenen Kopp. Aber brennt scheints im Keller kein Licht. Muß man sich wundern: im Dunkeln wundern. Und davor – vor dem Faß – oder sind es Kanister? Karbid kann es nicht sein, weil flüssig. Davor sind die alten, also die ehemaligen, also mit so Dingern, jetzt fällt ihm schon wieder der Name nicht ein, so ein krummes Zeuch, also mit Hakenkreuzern so amtliche Schilder aufgestapelt. Und auch von davor noch, noch aus der Kaiserzeit – muß also morgen nochmal! *Wenn* es ein Faß ist, wird es teils voll und teils leer sein. Je nachdem, wieviel noch drin ist. Sind es Kanister, muß man sie zählen und mehrfach gewissenhaft nachzählen, Blech. Dingding-dong. Mit der Schuhspitze zählen, die vollen, die leeren. Muß also morgen nochmal: mit mehr Zeit, mit einer Kabellampe und also pruktisch vielleicht am besten doch mit dem Schouldiener –am besten gleich morgens dann danach sehen, also komplett den morgigen Tag mit in den Keller hinunternehmen. Ist Feierahmd jetzt? Und wo ist der Schouldiener jetzt? Die Uhrzeit, weil er hat keine Uhr mit, die liegt daheim im Schrank. Oder wo kann sie liegen, wenn sie da auch nicht liegt? Familiengeschichten, will ihm nicht gleich eine passende einfallen (behält man doch besser für sich). Aus Stahl eine Uhr mit Deckel, man heißt sie hier Zwiebel. Hat sein Vadder mit in seinem Weltkrieg gehabt, gemeint ist der erste. Der Vadder seit dem Jahr Sechsunddreißich tot und begraben, bald Bodenfrost, Nachtfrost. Fehlt für die Uhr die Kette dazu. Will schon

lang eine passende Kette und vergißt es, sooft er nach Lollar
kommt, schon Jahre und Jahre. Vergißt es in Gießen erst recht.
So geht die Zeit von uns weg. Kaum einen Augenblick sei er
ja weggewesen, unter der Erde, und jetzt ist es schon dunkel
draußen. Der Winter kommt, wird diesmal ein kalter Winter,
er reibt sich die Hände. Das Licht zitterte, schien dann heller zu leuchten. In der Amtsstube. Elektrisch. Die Decken-
lampe und die auf dem Tisch. Als ob ein Riese mit dem Fuß
aufstampft: einer der sich auskennt. Fest aufstampft mit einem
Krückstock, ein Riese. Im Hof vielleicht, hinter der Mauer.

Der Gemeindediener schüttelt den Kopf. *Spinnweben*! Er
reibt sich die Augen, beidhändig, gleich mit der ganzen Faust.
Wie können sie ihn denn im ganzen Dorf gesucht haben? Das
staubt so im Keller. Bis über die Ohren. Er steht in der Tür und
schüttelt den Kopf. Jäh ein Anfall von Redseligkeit: drauflos-
schwätzen, am liebsten stundenlang über Gott und die Welt.
Herauf aus dem Keller gekommen. Jetzt hier im Licht, hier
zwischen den Wänden den Raum füllen mit der eigenen Stimme und mächtig den Kopp hin und her. In der Amtsstube, im
Gespräch. Massig die schwere Luft atmen, Amtsstubenluft,
und wie mit Flügeln mit beiden Armen fuchteln. Wind ums
Haus, die Läden und Dachziegel klappern. Zuhören auch, warum nicht? Es dann aber doch besser wissen, jederzeit besser
wissen und strahlend mit übergewichtigen Wörtern auftrump-
fen. Aber jetzt ist Feierahmd; wann ist es denn dunkel geworden? Wird jetzt jeden Tag früher dunkel. *Daheim nach der
Uhr dann sehen!* Der Rechner steht schon im Überrock, sogar
Handschuhe. Will nach dem Lichtschalter greifen. Wie Abend
für Abend der gleiche Moment, der Winter steht vor der Tür.
Seinerseits der Gemeindediener, aus dem Keller heraufgekom-
men, dreht sich um, dreht sich auf dem Absatz um; er hat Werk-
schuhe an. Scheints keine Buderus-, sondern Schamottschuhe.
Man meint, er hätte zuende gesprochen, der Tag hier im Amt

sei für heute so gut wie vorbei; es will ihm selbst schon so vorkommen, da dreht er sich noch einmal um und beweist schnell noch und unerwartet dem Rechner, daß er *auch* auf dem Friedhof diesen heutigen Nachmittag, der jetzt vorbei ist, versteht sich, vergangen, gewesen! Das lockt ihn, das packt ihn jetzt so: wie doppelt er selbst, wie nebeneinander zweierlei Menschen kommt er sich vor! Mit Wörtern beweist er es und mit Daumen und Zeigefinger, dann gar dringlicher noch mit der ganzen Hand, mit beiden Händen, mit Armen, Kopf, Schultern, Bauch und den schweren Schamottschuhen an den Füßen, die ganz von allein zu scharren, zu stampfen anfangen und lassen sich nicht widerlegen. In der Friedhofskapelle, eher so ein Geräteschuppen für den Totengräber, für dem seine Schaufeln und was nicht alles; wächst Efeu dran hoch. Sieht wie eine fensterlose Kapelle aus, steht düster am Rand des Abends. Aus Feldsteinen. So grau, so dicke Mauern und eine eisenbeschlagene Tür. Daß er als Gemeindediener im Dienst *da auch* hätte mit gutem Grund heut gewesen sein können, mehrere gute Gründe, die für die dreifache Zeit, für buchstäblich eine gesamte Schar von Nachmittagen, jeden bis spät in die Nacht und allesamt tief in den Winter hinein, gut und gern ausgereicht hätten. Wenn dort einer eingesperrt bleibt, aus Versehen oder wie man das auffassen soll, soviel er auch brüllt und klopft, da hören ihn nur die Toten. Gleich ist die Nacht da. Von den Toten aber hat keiner einen Schlüssel und tut mutmaßlich keiner sich groß drum scheren. Wird kalt auf die Nacht. Jedoch wer hätte hier am Kontortisch beim Ofen daran gedacht, *dort* ihn suchenzulassen? Soll er, hört her, soll er als Gemeindediener vielleicht wie ein Kind seine Zeit in dem Ami-Dschieb sichtbar absitzen? Hinnich die Druschhall, an der Friedhofsmauer vom alten Friedhof. Als Gemeindediener, er ist doch kein Kind nicht. Der nämliche Ami-Dschieb, was da seit Jahren schon ohne Räder steht. Aufgebockt oder wie er da steht, weit und breit der einzige Ami-Dschieb in der Gegend, ha. Und wer vorbeikäme, würde grüßen, sich gehörig verwundern und im Näherkommen ungeschickt grüßen. Und wird prompt auch zurückgegrüßt. Ja, suchen und suchenlassen. Wieder anders im Steinbruch. Mal beispielshalber. Nur der Ordnung halber, der Wahrheit halber. Mit keinem Gedanken. Und solchermaßen noch mehrerlei Plätze gibt es; man kann sich ein Bein brechen, beide Beine. Im Graben, in einem Hohlweg hinter den Scheunengärten, hinnich die Ellershohl, virem Mazlerer Waald, unselig liegt man und keiner hört das Geschrei – man könnte verhungern, das dauert; demnächst auch erfrieren, das geht über Nacht. Es *hätte* ja sein können. Morast, Dornen, Brennesseln, Buntsandstein, Granit und Basaltfelsen. Je nachdem, wohinein man stürzt und zu liegen kommt, ungefragt, und was für vielerlei kumpelzierte Knochenbrüche sind möglich, bei uns hier, bei all dem sturen alten Gemäuer. So ein Mittelalter, das was wir hier haben, hier bei uns im Dorf. Mit den eigenen Knochen: je älter man wird, desto schlechter heilt das zusammen. Und so finster, so wenig Lampen. Man kann im Morast auch versinken, wie in alten Zeiten, mit Pferd und Wagen. Mit dem Fahrrad stürzt sichs noch schneller, meistens auch gründlicher. Mit Hülfsmotor beinah schon automatisch. Stocknüchtern! Seit dem Erntedankfest ja nicht einen einzigen Schluck! Zehnmal hingegen stürzt ein Betrunkener und findet dennoch am Ende heil heim. Was wird jetzt aus dem Schouldiener? Der Rechner macht ein Gesicht, als ob er mit Vorsatz und Fleiß nicht zugehört hat, starrt, steht daneben; er steht daneben, wie wenn er neben sich selbst steht. Wie wenn er sich selbst nicht kennt. Den Türgriff betrachtet er, von der offenen Tür zum Bürgermeester seiner Amtsstube, und steht im Überrock zum Aufbruch bereit. Geht dann, es ist der nämliche Türgriff wie immer, geht durch die Stille, die Dielen knarren, das glänzende neue Stragula, mit Kontorschritten rasch geht er doch noch hinüber zum Bürgermeester und tut ihm das mit anderen und wieder anderen Wörtern und Handbewegungen, was der doch durch die offene Tür Wort für Wort schon mit angehört haben muß; ihm eintrichtern, vorrechnen, nachweisen. Seinerseits, er als Rechner. Von oben herab auf den sitzenden Bürgermeester. Jetzt hier am Abend. Und eilig! Wartet die Antwort nicht ab, der Überrock ist schon zugeknöpft, klatscht die Handschuhe gegeneinander und hat sich auch schon schnurstracks auf den Heimweg, auf seinen heutigen Heimweg begeben. Goud Noacht, goud Noacht! Ist gegangen, der Rechner. Und schnurstracks direkt heim, der Rechner; tut seinerseits Umwege nicht einmal *denken*, der Rechner.

2

Der Bürgermeester sagt nix. Im Ofen das Feuer geht aus. Der Gemeindediener im Vorzimmer. *Wenn* er nun nicht mehr aufgetaucht wäre, wir hätten jeden Tag nicht gewußt, was aus ihm geworden und wie wir ihn im Gedächtnis tragen sollten. Oder zu denken, es hätte geschehen sein können, er wäre aus unserem Gedächtnis auch spurlos! Genauso. Wie der gestrige Tag, wie die Woche davor. Bevor wir uns selbst nicht mehr kennen für immer? Der Bürgermeester sagt nix. Im Ofen das Feuer geht aus. Der Genieindediener im Vorzimmer nimmt nun auch seinen Überrock – neinnein: Überrock hat er beileibe gar keinen mit, erst bei Dauerfrost, er hat mehrerlei Wämscher, Pullover und Strickjacken übereinander. Unter der Arbeitsjoppe. Im Herbst jetzt egalweg den Tag- und Nachtschäl, sowieso die Mütz den ganzen Tag auf, drinnen und draußen die Mütz. Noch vom Keller den Staub und die Spinnweben an der Mütz und bis über die Ohren, in- und auswendig. Im Vorzimmer jetzt, als Gemeindediener. Steht da mit seinem Gesicht, wie für die Mütz passend gemacht das Gesicht; steht und murmelt, scharrt mit den Füßen, joh also: wird sich also auf den Weg machen nun, wird gehen und seinerseits den Schouldiener suchen. Wie gesagt also. Mit schwerem Schritt. Vorher noch beim Schouldiener daheim vorbei und dem Schouldiener seiner Frau Bescheid sagen, joh. Wo gibt es denn sonst hier bei uns noch so einen Hut wie dem Schouldiener seinen? Und bei sich selbst daheim aach fierboj, joh, ejan Beschäd gesaht; sie heißt Lina und ist seine Frau. Jedenfalls. Die Tochter kommt immer zu spät heim, selbstredend, braucht Prügel. Alle Abende kommt sie zu spät; jetzt im Herbst wird es jeden Tag früher dunkel. Ja richtig, goud Noacht auch! Und ist gegangen. Dreimal sorgsam die Tür angedrückt, mit Anstand, mit Sachkenntnis, mit Geduld – und dann doch keine Wahl: wieder krachend sie zuschmeißen, weil sie anders nicht bleibt. Will nicht einrasten,

hat länger schon sich verzogen, die Tür. Bei Gott, ist zu schwer
an Gewicht; ist als Amtsschild ein hessischer Löwe noch drauf,
außen drauf. So eine hohe Gemeindeamtshaustür, Eiche, und
unbelehrbar, so ist das.

Oder wovon war die Rede, diesen seinerzeit-heutigen Nachmittag und in den Abend hinein? Was werden sie gesagt und
gesagt haben? Uns ist, wir seien dabei gewesen: wir haben
noch die Stimmen im Ohr, die Stille, den Wind ums Haus (es
war Nachmittag und der Wind ist immer wieder ans Fenster
gekommen); ein halbes Menschenalter zurück: der Eine und
Andere – erst sein, dann gewesen. Und sich selbst zur Erinnerung werden, drinnen und draußen. Sahen uns kommen und
gehen, uns und mählich die Zeit, das klingt uns so eigen nach,
und in den Abend hinein in den Fenstern das Licht. Wird kalt
auf die Nacht. Der Bürgermeester allein, er sagt nix. Man hört
einen Zug fahren, weit weg, es muß ein Güterzug sein, so lang-
hin und außer der Reihe. Immer bleibt man zurück und im
Ofen das Feuer geht aus. Der Bürgermeester macht ein Bürgermeestergesicht, aber was nützt ihm das, wenn er allein ist?
Am Abend; kein Wort bleibt ihm übrig mit sich allein. Nur
sitzen und immerfort in sich hineinhorchen, immer tiefer in
sich hinein. Magenschmerzen? Erst kommt es ihm nur so vor,
dann spürt er sie kommen, dann haben sie auch schon angefangen: inwendig eine Höhle, ein Steinbruch, ein Schlackenberg.
Und schleppt sich so mit, wächst herauf, eine Last, ein vertrau-
tes Gewicht. Soll er als Bürgermeester jetzt warten, jetzt und
hier in Ungeduld warten, bis daß der Schouldiener kimmt und
täte sich wie befohlen zurück hier zur Stelle melden? Im Stehen
warten, im Sitzen? Mit Bürgermeestergesicht, im Zweifel, mit
der Uhr in der Hand? Hin und her mit knarrenden Schuhen.
Als Bürgermeester, halb städtische Schuhe sind das ja schon
– und stehenbleiben und den eigenen Schritten naehhorchen:
Hörst du, gehn von uns weg! Sind die Dielen und knarren so.

Wie das Stragula glänzt, hier im Amt, als liege darin uner-
gründlich eine Botschaft für uns beschlossen: glänzt wie ein
Weiher, ein tiefes Wasser, so still. Hier bei uns auf dem Gemeindeamt: soll man nun nähertreten und die Kalender ins
Auge fassen, betrachten, durchblättern und bedenken? Kalender mit Bilderchen und ohne Bilderchen, bloß Zahlen drauf,
Monde und Nummern und heilige Namen: Tischkalender und
Wandkalender gar vielerlei hat es hier in den Amtsstuben und
im Vorzimmer. Soll man sich die Kalender für die nächste Gelegenheit aufheben, doch das Jahr geht zuende, geht und geht,
was bleibt uns denn noch an Zeit? Ein Glas Wasser steht auf
dem Tisch. Hat er einen Schluck Wasser trinken wollen am
Mittag, am heutigen Nachmittag? So fern ist das jetzt, kaum zu
erreichen noch mit unseren müden Gedanken. Arznei genom-
men, Baldrian, Magentropfen, Pulver, Tabletten – vergessen?
Das Vergessen, das ist so ein seltenes Kraut, eine bittere Me-
dizin. Mittags Oktober noch. Hat wie in dem Lied eine letzte
Rose in diesem Glas Wasser gestanden, hätte gebracht werden
sollen, hat nicht geblüht oder welche Bewandtnis könnte es damit? Mittags Oktober noch und jetzt sind wir tief im Winter.
Sind im Gemeindeamtskeller nicht auch noch so Flugzeug-
modelle aus Balsaholz, Leim und Papier? Von der seinerzeitigen Hitlerjugend gebastelt, ehemals also: für den Endsieg die
großdeutschen Stukageschwader. Unter jedem Keller ein noch
tieferer Keller. Schon bevor man zum Gehen ansetzt, knarren
die Dielen und wissen es besser. Sind das Mäuse und rascheln
so? Ratten gar? Fressen die Wände auf, fressen sich unbemerkt
durch das Haus und in unser Herz hinein, müdes Herz.

Daß seinerseits der Gemeindediener den Schouldiener nun endlich bald fände, der den Gemeindediener sucht, den heutigen
Nachmittag sucht – wo ist *der* hingegangen? Wo denn hin all
die Leute und Nachmittage, wo sind sie jetzt? Wann ist es denn
dunkel geworden gleich wie für immer? Hat der Schouldiener

seinerseits sich zurückmelden sollen bei Einbruch der Dunkelheit? *Oder* erst, wenn sie schon da ist, die Nacht im Dorf? An Ort und Stelle. Die Tischlampe mit dem grünen Schirm. Betrachten wie eh und je. Dann vom eigenen Platz aus durch die offene Tür dem Rechner seine leere Amtsstube betrachten, mit Sehnsucht, mit wachsender Sehnsucht betrachten: der ist jetzt schon daheim. So ist das, zuerst in deiner täglichen Macht befiehlst du drauflos und unbedacht in die Zukunft hinein. Und kannst dann nicht heimgehen, Bürgermeester. Hätte er nicht draufkommen können beizeiten und dem Gemeindediener noch wenigstens nachrufen, er soll dem Schouldiener ausrichten, nach dem verlorenen Nachmittag hat das Zurückmelden Zeit auch bis ausnahmsweis morgen früh. Mündlich, als Nachtrag, ein Befehl. Ungesäumt, nicht rumtrödeln undsoweiter. Soll das wortwörtlich ausrichten, doppelt und dreifach. Sollen sie suchen und finden auf eigene Faust. Doch sie melden sich ja sogar *mit* Befehl schon kaum je zurück, schon eher gar nicht. Statt sich etwas auszurichten, einer dem andern, stehen sie nur beisammen und deuten und schwätzen. Haben von nix keine Ahnung nicht, wie im Krieg, kapieren die Wichtigkeit nicht! Die Tischlampe mit dem grünen Schirm. Muß man betrachten und die Jahre zusammenrechnen. Wie in weiter Ferne dem Rechner seine leere Amtsstube: unerreichbar wie der heutige Nachmittag, wie der seinerzeitige Mond. Da fällt ihm ein: Daß ihr mir morgen nicht mit Kerze und Kienspan, joh Hirre-gott! Herumleuchtet beim Petroleumfaß! Seid imstand, Deuwel auch! Da im Keller da unten!* Laut sagt er das, als ob

---

* Wenn sie nicht gar auf unseren hiesigen Speichern sich tummeln, die Flugzeuggeschwader, überzählig, auf den Schoulhausdachböden. Kinnerspielzeug, Papiervögel. Tun darin nisten. Sollten diese selbigen Dachböden nicht nächstens bald für die Fluchtlinge ausgebaut werden? Für teures Geld, ein Vermögen? Ausgebaut zum Drinwohnen, was mag das beiläufich kosten? Oder wohnen die Fluchtlinge längst? Längst untergebracht, teils da und teils anderweitig? Muß man rechnen, muß immer wieder die

der Gemeindediener noch anwesend, mal sagen, dort wo das Stragula so glänzt und schimmert wie zugefroren, das blanke Eis in der Nacht. Muß man sich vorstellen. Da drüben beim Kleiderständer der Gemeindediener: wie wenn er dasteht und kratzt sich. Ganz deutlich. Und scharrt mit den Füßen. Rückt an seiner Mütz. Und zurret unter der Arbeitsjoppe die mehrerlei Wämscher und Pullover sich mit Eifer zurecht. Umständlich. Steht oft eine ganze Stunde so in der Gegend, oft gar vom Mittag bis weit in den Abend hinein, jetzt aber nicht! Riecht es nicht auch verbrannt? Draußen die Nacht, es ist still. Mit sich selbst: soll er als Bürgermeester ins Leere hinein, wie zur Probe, und nicht vor der eigenen Stimme erschrecken, soll er es mehrfach und mit Gebärden sagen, zwo-dreimal? In verschiedene Richtungen auch. Und jedesmal anders. Nehmt euch in acht! Nicht mit Kerze und Kienspan, joh Hirregott! *Doch das Eis wird nicht halten!* Sich eigenmächtig nicht losreißen können, den Gemeindediener und seinen Schatten dringlich herbeiwünschen und den Rechner um seine glückliche Abwesenheit inständig beneiden; kann denn nicht, du heiliger Himmel, in diesem einen einzigen jetzigen Moment der Schouldiener hereinkommen? Mit schwerem Schritt, räuspert sich, hustet, in Gedanken woanders. Hereinkommen wie ein irrtümlich Totgesagter, wahr und lebendig, hereinkommen und Kohlen aufs Feuer schütten noch einmal? Der Schouldiener mit seinem schwarzen Hut. In aller Selbstverständlichkeit, wie eh und je, wie schon tausendmal vorher. So deutlich jedesmal weiß er sich zu räuspern. Der Schouldiener, der sich überhaupt erst zurückmelden soll, wenn er den Gemeindediener gefunden hätte und wird einer dem andern in die Nacht hinein folgen, November.

Jahre ausrechnen. Haushoch diese Dachböden auf dem Schoulhaus. Sind wie entlegene Wälder und Schluchten, der Tag findet da nicht hin. Andere Tage kommt man mit einer Laterne und sie sind weg, sind nicht aufzufinden, solche Tage und Dachböden sind das. Und verkriechen sich, ziehn mit den Wolken, wer weiß.

Du aber stehst hier und frierst; was soll denn verbrannt sein? Daß der Tag noch geblieben, der Schouldiener dem Gemeinde- diener beizeiten begegnet und beide hierher zur Wiederkunft, nicht gesäumt, unverzüglich. Daß die Nacht umgekehrt wäre am Dorfrand und zurück übers Feld davon. Nach Mainzlar zurück und hinter den dortigen Horizont noch einmal hinun- ter. Andernfalls beim Güterbahnhof gestapelt, in Kisten ver- packt. Wir sähen beim Schindgraben die seinerzeitigen Kinder an ihren heutigen Feuern sitzen, unter den toten Apfelbäumen, ein fremdes Volk. Scharen von Krähen ringsum. Vor uns her der Wind rennt durchs hohe Gras, rennt bergab und bergauf; Gras, Unkraut, Gestrüpp, jedes Hähnchen winkt und will mit. Präriehimmel, Steppenhimmel, die sich leuchtend und leer hochauf und übereinander türmen und breiten sich weit in die Ferne. Gerade hier wird das Feld so weit, mehrst Grasland die Gegend, vom einen zum anderen Himmelsrand: daß dein Blick, kommt dir vor, bis in die Tartarei hinein, bis ins Morgenland, ins Mongolenland und nach China hin reicht; die Gegenden hinter den Wäldern. Durch die Zeiten und Länder. Jeden Fleck Erde belebt und jeden Augenblick Zeit, und keinen Tag älter geworden. Das sind wir und dauern an. Und die Kleinen auch, die fänden sich in den wiedergefundenen Nachmittag und lie- ßen ihre Schiffchen noch weiter fahren – erst im Rinnstein und dann den Kirchwegsgraben hinab auf die Lahn, auf den Rhein, aufs Meer zu. Mit Stimmen, die wie in der Märzsonne klingen, wie ein Lied, ein Gesang, schon dem Frühling entgegen.

Blind und schwarz die Nacht vor dem Fenster; was soll denn verbrannt sein? Als Bürgermeester wie besiegt seinen Über- rock vom Haken nehmen, dunkelgrau, schwarz, ihn wie ei- nen abgetragenen eigenen Körper vom Haken nehmen und anfangen, den Staub abzuklopfen, den Wandverputz, kopf- schüttelnd: Färbt wie Kreide, das Zeuch. Ganz unnötig auch! Sonst zum Feierahmd immer tut ihm der Gemeindediener den

Überrock abbörsten. Verbrannt riecht es nicht. Jetzt gehen oder bleiben hierorts als Bürgermeester? Dem Rechner hinterdreindenken, dem Gemeindediener hinterdreindenken, Schritt für Schritt, dem Schouldiener und dem heutigen Nachmittag auf der Spur bleiben, grübeln, den eigenen Schritten nach und in sich hineinhorchen: was bedeuten wir uns? Zurück an den Tisch. Sich vorsagen, wer man ist und es nicht mehr aushalten können: das muß so ein Fieber und hat ihn gepackt; es ist Abend. Die offenen Amtszimmertüren, das ist gefährlich. Und weiter mit eisigen Füßen wie angenagelt in die Zeit hinein: sitzen und frieren, fort und fort schaudernd in Nacht und Stille. Die Sorgen im Bauch versammeln, fremde Sorgen und eigene Sorgen, das soll sich gehörig summieren. Nicht auf die Magenschmerzen vergessen! Durch Haut und Knochen einen Bohrer sich denken: hinein in den eigenen, den bekümmerten müden Schädel, den gleichen wie immer. Der Bohrer im Kopf, der Keil: wie ein Eiszapfen an der Dachrinne, gut eine Elle lang und schimmert so *silberhell*. Den Überrock im Arm und am Tisch sitzen, als ob man dabei sei, sich ungeschickt zu verdoppeln: wie denn Platz finden in der eigenen Vorstellung, Raum und Zeit? Welchen Sinn sollen wir uns geben oder sind es die Dinge? Schal, Hut, Magenschmerzen und Aktentasche bedenken: daß er die nicht vergißt! Nicht daß er glaubt, sich zu kennen, doch in letzter Zeit will ihm scheinen, er gehört zu einem Spazierstock. Jeden Gegenstand an seinem angestammten Platz spüren: wie Gliedmaßen, zeitweilig abgelegt, sie haben ein Recht darauf, sie leben durch ihn. Jeden einzelnen Gegenstand als immerwährendes inneres Bild mit sich tragen und mit all dem Gepäck, ein Reisender mit Traglasten, eine Nummer, jetzt beengt hier am Tisch sitzen wie in einem fahrenden Zug – wo denn hin durch die Zeit, welchem Ende der Mühsal, stöhnend, was soll nur werden?, er hört sich stöhnen, er zittert, welcher unabsehbaren Ankunft entgegen? Am Tisch sitzen und die Uhr ticken hören, Gold oder Silber, graviert. Jeden Morgen zieht er sie auf und weiß dann nicht, ob er sie einstecken oder auf den Tisch legen soll, den Deckel auf oder zu und was wird aus dem Tag? Soll er die Uhr in die Schublade legen, seit wann denn nun Bürgermeester? Wie Steinhalden sind die Tage, die es zu durchqueren gilt, wie die Bringener Od und man findet den Weg nicht; bald alt. Nicht auch schon ein bißchen gebrechlich? Todmüd, den ganzen Tag auf den Abend gewartet und jetzt ist es die Finsternis und drückt ihm das Herz ab. Mit der Finsternis, schwere Erde schmeißt auf mein Grab! Die Müdigkeit als Abendmaske auf seinem Gesicht. Wann ist es denn dunkel geworden, kann kaum ja sechs Uhr vorbei sein: erst November und dann Dezember. So in die Nacht hinein, tief in den Winter, vielleicht wird es gar nicht mehr hell. Ist gegangen, der Tag, und es wäre womöglich für immer: gegangen und kommt nicht zurück. Warum auch ausgerechnet heute beim Keulerhoinrich Zwo die Lampe nicht brennt? Man begreift es nicht: ist doch mitten im Dorf unsere beliebteste Abendgastwirtschaft eh und je. Als Mann: man geht hin und hört sich im Radio die neuesten Nachrichten an, Politik. Und mit Gongschlag wie spät es ist nach Mitteleuropäischer Zeit.

So in die Nacht hinein. Am Tisch sitzen und immer lauter die Uhr ticken hören: erst im Kopf und dann in der Brust. Immer schneller, mit zunehmender Geschwindigkeit, halsbrecherisch, mit mehr und mehr Tempo am Tisch sitzen, atemlos. Sich festhalten, anklammern, nur um nicht zu vergehen: sich anklammern und zusammenpressen, nur um zu bleiben – derweil einem, wie an einem ausgefransten Ochsenschwanz herumgeschleudert, Hören und Sehen vergeht. In die Nacht hinein, die Zeit fliegt vorbei, wie Wandteppiche die Dezember. Die Uhr tickt, der Wind immer stärker. Kommt jeden Abend ein Ochsenfuhrwerk die Vorstadt herunter, der alte Simon. Ohne zu bremsen, als Einziger tut er tollkühn nicht bremsen und sein leerer Karren rasselt und dröhnt. Und direkt danach ein noch größerer Lärm, ein Heidenlärm, ein Sturm und Eisengeklirr, himmelhoch. Kommt die Vorstadt herunter. Die Amipanzer. Wieder die Amipanzer? Bei den Herbstmanövern der Amis, das muß vor drei oder vier Wochen, wenn nicht gar schon das Jahr davor oder vor dem Jahr davor und seither alle Jahre wieder. Da haben sie hinnich dem Weidkob, über die Weiß Erd und weiter: haben hinnich die Hardt da am Waldrand kampiert. Sind mit Panzern abends durchs Dorf durch, wie im Krieg. Das muß Anfang November, muß gestern oder vorgestern, muß vielleicht schon vor zwo-drei Jahren gewesen sein. Seither immer wieder gekommen, seither jeden Abend wiederholt sich die Erschütterung, die gleiche Panik bei uns im Gedächtnis. Kaum ist es dunkel geworden, da kommt gewaltig ein Dröhnen dahergefahren, steht das Dorf da und zittert nach Kräften. Ein Weilchen. Solang es dauert, dann ist der Spuk für heute vorbei. Noch klirren die Scheiben, jede Tür schlägt, du stehst wortlos, du stehst ohne Namen. Mit nicht einer einzigen Erinnerung, dich darin zu finden, stehst du und hast einen Eisengeschmack im Mund und innerlich so ein Zittern im Bauch. In die Nacht hinein; verbrannt riecht es nicht. Fernhin ein Nachbeben noch, von uns weg; die Uhr tickt, ein Hund bellt, das Dorf steht auf einem Basaltfelsen, die Turmuhr schlägt halb. In Nacht und Nebel, ob es außer uns noch einer merkt? So hastig die Tage und Jahre, ob das noch mit rechten Dingen? Oder wäre es einundderselbe Abend und sie kämen gar mehrfach und immer wieder, der gleiche Spuk? Die Tür klappert, das ist bloß der Wind! Dem Lärm und der Stille, dem heutigen Nachmittag und den eigenen Stimmen nach und in uns hineinhorchen, so sich verlieren.

Die Herbstmanöver, die Amis. Die Kinder, wenn es sie packt, jetzt noch, zuletzt am Abend noch, vor der eigenen Haustür: rennen den Pantuffeln, Müttern und Stimmen, rennen dem Abend, der Suppe, der Haustür und dem eigenen Namen davon – gleich um vielerlei verschwiegene Ecken, hinten am Zaun entlang rennen sie und in der Dämmerung über Brachland und Bleiche, da übers dunkle Feld. Allein, zu zweit und zu viert sogar, wie es sich trifft in der Abendkälte, rennen jetzt noch den weiten Weg und können nicht aufgeben. In den Wald hinein lockt es sie, sie locken sich selbst und glauben wie ehedem die Zelte, die Wagen und Panzer zu sehen und die Lagerfeuer unter den Bäumen. Mit hungrigen Augen. Dämmrig ist es, kühl wird es auch sein, man merkt das gar nicht, man geht und stolpert und will die Leere nicht wahrhaben wollen. Soldaten, so mancher von ihnen hat uns direkt schon gekannt und wiedererkannt, umgekehrt ja genauso. Tschon heißen sie und Schüm und wie sie noch heißen. Bülli auch. Auf ihren Panzern und Lastautos sitzen sie, eher liegen als sitzen, oder stehen daneben und haben Gewehre und Kaugummi, Nescafé, Amizigaretten, die besten Taschenlampen, auch wenn es noch stundenlang hell ist. Wie Laub gefleckt ihre Zelte unter den Bäumen, große und kleine Zelte. Jedes Kind im Dorf wünscht sich einen eigenen Dschieb. Jeder Dschieb hat drei Rückwärtsgänge. Bei ihren Manövern haben sie Fahnen und Feldbetten, die besten Büchsenöffner und vielerlei Soldatenabzeichen zum Anstekken. Stehen und gaffen. Mancherlei Zeuch was man sieht und vergißt. Bunte Leinen zwischen die Bäume gespannt. Eine Funkstation auf einem Lastauto drauf: tun Geheimnisse sich hin- und herfunken durch die Luft, es ist dämmrig, und hören Cowboylieder dort drüben im Gras. So glatt sind ihre Gesichter, so überdeutlich können sie lachen mit ihren Gesichtern. Übers Meer gekommen, über den Ozean. Aus den Indianerländern. Groß sind sie und doch kam uns vor, sie sind jünger als wir. Und wie weit sie ihre Stiebel vor sich hinstrecken, natürlich mit Füßen drin. Sogar hier im Wald noch kann man das Palmolive-Rasierwasser riechen, unter den Bäumen: süß ein dunkelgrüner Geruch. Gulasch und Brot und Schokolade – alles aus Büchsen. Nur der Kaugummi nicht aus Büchsen.

Und wenn es nun Russkis wären? So steht man dazwischen und denkt und probiert zu denken. Kifmi Schuhwinkamm, mußte sagen, Sänkju Okay! Jetzt sind sie nicht da, nicht zu finden: man stolpert über die Wurzeln und aufgeschreckt die Eichelhäher in ihrer Höhe lachen darüber. Hätten doch bleiben können, ein fremdes Volk. Wir wären jeden Tag übers Feld hergekommen, Äpfel hätten wir mitgebracht und uns neue Wörter immer wieder von ihnen geholt. Und solche Tütchen mit militärischem Milchpulver, wasserdicht. Beinah wie kleine Kissen sind diese Tütchen, wie für die Mädchen zum Spielen so Puppenkissen.

Und gestanden, gegafft: wir sehen sie jetzt noch sitzen, Soldaten aus fernen Ländern. Mit schwarzen Gesichtern und mit hellen Gesichtern. Am Feuer, am Rand der Nacht. Und wir standen und konnten nicht heimgehen, jeder für sich. Jetzt, allein in der Stille. Mit hungrigen Augen, erst im Dämmer, dann in der Finsternis: man stolpert über die Wurzeln; wie Schlangen die Wurzeln. Wie verrostet krächzen die Eichelhäher. Da im Dickicht nun geistern Sterne herum, und dazu so eine Art ausländisches Echo von der seinerzeitigen Funkstation oder wie sollst du dir das erklären? Sind Stimmen und suchen ein Ohr. Nicht daß man noch unsichtbar wird, unsereiner, verzaubert, ein Eichelhäher. Aus jedem Winkel heraus ruft ein Käuzchen. Gleich die Nacht kommt hinter den Bäumen hervor und den langen Heimweg hat man noch jederzeit vor sich. Daheim dann den Ärger und die Schoulaufgaben mehrstenteils auch noch vor sich. Wieso *drei* Rückwärtsgänge? Erstens von wegen dem Tempo, klar! Und zusätzlich zwotens dazu: wenn einer kaputtgeht, gleich nimmste den nächsten. Nicht mehr lang und es fängt an zu schneien. Frierend heim übers dunkle Feld, fremd ein Gemurmel und stolpern und sich selbst kaum noch kennen: das sollen wir auch sein.

Mit sich allein auf der Hardt, über der leeren Hochfläche merkt man dem Himmel bis zuletzt jede Spur Licht noch an, jedwedes geringste bißchen. Jetzt in der Amtsstube als Bürgermeester, mit den Stimmen vom Nachmittag, mit den Kalendern ringsum. Beim Kleiderständer stehen und zittern: stehen und flüstern, den Luftzug, die eigenen Lippen spüren beim Flüstern – und nicht wissen, was man da flüstert, wir selbst und allein am Abend in Sorge und Bitternis, Bürgermeester. Hungrig jetzt? Weiß er gar nicht mehr, wann er zuletzt gegessen hat, kann sich an keine Mahlzeit erinnern? Heute Mittag schon ohne Heimat? Und wollen uns jetzt und hier schwören, daß wir fortan der Menschheit nicht ein einziges überzähliges Wörtchen mehr: wollen die Stille einüben! Mehrere Tage lang gar nix sagen, wochenlang gar nix, Tage und Wochen und Jahre. Und dann nur das Allernotwendigste noch. Wie Steine die Wörter. Behält man für sich, schluckt und schluckt. Bis ans Ende der Zeit. Nicht auf die Magenschmerzen vergessen, im Gegenteil: sie spüren, festhalten, anwachsen lassen. Eben noch war ihm, er erinnert sich, er geht das letzte Mal über die Hardt. Von hier kommt der Winter ins Dorf. Er sah sich gehen, den Krähen ein Anblick, grau in der Dämmerung, grau, schwer, müde und Schritt für Schritt; er weiß nicht in welche Richtung: spät ins Dorf zurück oder nach Norden im Wind, auf den Wald zu, dem Winter entgegen. Bald Schnee. So weiter gegangen. Als Geist da gegangen, unbehaust, sich selbst ein Gespenst und die Krähen schreien. In künftigen Schneegestöbern gegangen. Leer in die Stille hinein; alt ist die Welt geworden. Den Überrock in der Hand und zum Aufbruch bereit: fehlen ihm Zeugen, kann er nicht gehen!

Zu lang gewartet, das ist gefährlich. So offene Türen sind auch gefährlich. Hätte beizeiten, hätte in der Dämmerung unbeirrt, vorhin in der letzten Dämmerung wenigstens sich auf den Weg machen sollen. Um keine Verwunderung von jeglicher

Seite groß sich drum scheren: Ofen, Rechner, Gemeindediener, Schouldiener, Überrock, Kleiderständer, Kalender, goud Noacht! Goud Noacht auch, ihr Schatten! Und hinausgehen. Den Tag und die Uhr zugeklappt-eingesteckt-mitgenommen: Deckel zu, sind Blüten hineingraviert. Auf dem Tisch als Exempel liegengelassen und zur Erinnerung, damit wir morgen zurückfänden, wer auch immer wir sein sollten dann. Damit uns da nix davonflattert, weg für immer, liegengelassen im Kasten, im Gedächtnis, in der Schublade drin, vergrübelt, verkruomt, verlegt und verloren, den Schlüssel auch mit verloren, vergiß drauf! Mit oder ohne Hut nun, vergiß drauf! Und gleich die Straße hinunter, wer soll uns denn tragen? Sich geduldig begleiten, nachkommen ohne Hast, ohne Angst, vorauseilen froh und leicht: vor sich selbst her. In Gedanken, als ob man sich an der Hand nimmt, solche Heimwege.

Stattdessen verblieben, wird kalt auf die Nacht; will keiner sich zeigen? Will der Keulerhoinrich Zwo heut denn gar nicht aufmachen? Hätte er doch wie sonst jeden Abend zum Feierahmd ab fünf, ab halb sechs seine Wirtslampe leuchten und schräg übers Eck die ersten Gäste fänden grüßend sich ein. Getrost auch könnte man als Bürgermeester sich auf den Weg machen, hätte der Lampenschein schon vor einer guten Stunde auf die Straße hinaus ihn gelockt; nur keine Angst! Bricht der Abend herein: die Gäste der Reihe nach. Wie ihre Namen uns ins Gedächtnis schlurfen. Gekommen, gegangen. Allzeit am Abend durch dem Wirt seine grüne Tür. Vertraute Gestalten, jeder bringt seinen Schatten mit. Sind auferstanden, ein jeder nach seinem Bild. Der Wirt hätte eben aufgemacht, wird gleich das Radio einschalten. In dem Fall vielleicht hätte auch der Bürgermeester längst draufkommen können, alle Abende auf dem Heimweg (bevor wir nun endlich alle heimgehen) dort seinen regelmäßigen Kräuterschnaps, warum denn nicht? Kippen, bedächtig dran nippen, in kleinsten Schlückchen. Als ob er ihn kaut und kaut, einen Kräuterschnaps, der nach Kräuterschnaps riecht. Und wäre ihm längst zur Gewohnheit, rückwirkend gar und seit vielen Jahren. Im Stehen, in allen Ehren, ein einziges Gläschen und die Abendnachrichten. Der Bierhahn tropft, gleich wird der Keulerhoinrich als Wirt das Radio einschalten. Auf den Wind horchen, Abende, Jahre. Dies und das gesagt. Und nicken nach allen Seiten. Zum Wohle. Die Stimmen mischten sich, klangen zusammen; ringsum an den Wänden dunkelt die Zeit. Durch Jahre und Jahre ein einziges Gläschen, im Licht, an der Theke, eins oder höchstens zwei. Wie die Zeit vergeht; Nacht ums Haus. (Sind dem Wirt seine hübschen Töchter und machen die Läden zu, Abend für Abend und Fenster für Fenster. Zwei Töchter, werden bald heiraten!) Also dann. Im Höchstfall zwo doppelte, jetzt haben wir doch direkt die heutigen Abendnachrichten wieder verpaßt. Und nicken nach allen Seiten, Bescheid wissen. Und selbstredend nie keine Magenschmerzen hier auf Erden: kennt er nicht. Kerngesund, da wüßte man doch, wer man ist, unsereiner. Und hätte gesehen und immer wieder gesehen, wie die Lampe ihm die geglückten, die glücklichen, Herrgott, die Heimwege langer Jahre beleuchtet, ihm heimleuchtet durch die Zeit. Sich am eigenen Schritt kennen, sich geduldig begleiten. Die Vorstadt hinunter; schräg und niedrig hängt sie, die Lampe, allzeit ein milder gläserner Mond. In der abschüssigen Finsternis der verworrenen Nachthöfe, Straßen und Gäßchen, die gleich zu wandern anfangen.

Stattdessen erloschen; schwarz-blind-leer die Nacht vor dem Fenster, die Straße ein Abgrund. Heimgehen jetzt, den Überrock, Hut, Aktentasche, Spazierstock – wie ein Gebet sich die Gegenstände und Handgriffe vorsagen und dann war es jäh die vertraute Bewegung, mit der er aller Tage Abend den Hut vom Kleiderständer: wie er ihn nimmt und aufsetzt, will ihn aufsetzen, und daß er diese Bewegung im voraus schon und *von innen* erkannte. In sich drin. Bis an die Stirn, bis in die Zehen- und Fingerspitzen hinein und ihn schaudert. Der Hut, das bin doch nicht ich! Das Fenster vor Augen und den ganzen Bauch voll Finsternis, Nacht und Nebel. Wie unter der Erde, so eine Finsternis. Im Grab oder bei den Roiben? In der eigenen Vorstellung, man weiß nicht, was grauslichter ist: ein voller oder ein leerer Roibenkeller mit seiner Finsternis? Meistenteils Lehmkeller, im Oberdorf Felsenkeller. Oder geradezu auf dem Acker noch dem Winter entgegenstehen: unwissend, eingewachsen; was wollen die Wurzeln von uns? Jedes Hälmchen schreit nach Erlösung, jedes Hähnchen zittert für sich. Verlassen liegen die Wiesen, ihs Laad, die Gegend; und das Dorf so zwischen den Hügeln, die jetzt immer tiefer in die Nacht hineinsinken. Gibt Glatteis, Frost auf die Nacht und ein Reif legt sich über die Felder. Soll man sich selbst als Gast kommen? Mit einer Laterne heim, wer soll vor uns hergehen? So ein grinsender Schädel, ein Roibengeist mit einer brennenden Kerze, ein zähnebleckender Dickworzkopp, den ein Kind vor uns hertrüge durch die windige schwarze Nacht. Selber brennen, wie eine Fackel brennen: durch Erleuchtung, der Heilige Geist, die Kartoffelkäfer mittels Petroleum* – und wie im Flug durch die

---

* Die nämlichen amrikanischen Kartuffelkäfer was hierorts die Schoulkinner schoulamtlich, ein Dekret, eine Verurdning (wird ihnen aufgetragen): Sind dann und dann, auch bei Regen, Sturm, Hagel, selbstverständlich im Nebel, bei jeglichem Sauwetter, Mütz und Gummistiebel, auch bei Gewitter. Sind zusammenzusammeln, fragt nicht so dumm! Keine Dummheiten, keine Ausreden nicht. Hierorts auf dem Gemeindeamt abliefern. In den Amtsstunden, zeitig. Werden gezählt und verbrannt: gezählt, aufgeschrieben, zusammengezuohlt und verbrannt. Aufschreiben tut sie der Rechner, anfassen und verbrennen der Gemeindediener. Wie gelernt. Im Hof, das fremdländisch bunte Geziefer. Das Petroleum noch aus dem Tausendjährigen Reich noch. Brennt, stinkt, knistert: mit dem Fuß tut er nachschieben, daß ihm keiner davonkimmt. Also Schamottschuhe. Steht auf den Reisigbesen gestützt, die Mütz auf dem Kopp, der Gemeindediener. Gleich wird es weiterregnen. Jedes Kind steht und gafft. *Selber brennen!*

Nacht, da entlang, eine Flamme, oder Schritt für Schritt heim, knirschend heim, derweil die Gäßchen gemächlich zu kriechen anfangen. Und das Kind aus der Ferne nur, mehr wüßten wir nicht.

Wie ging das denn zu? Schon im vergangenen Frühling, an den wir uns nicht erinnern (ist kein Frühling gewesen!), sogar im vorigen Herbst schon hätte er sich als Bürgermeester einen Anzug längst anmessen lassen sollen. Nicht auch schon das Jahr davor und wie in früheren Zeiten seither jeden Herbst wieder? Seit wann denn schon Bürgermeester? Muß man zurückrechnen, muß das eigene Alter und die Jahre seit dem Krieg und der Währungsreform an den müden Fingern abzählen: wie Gichtkranke in abgetragenen Kleidern schleppen diese Jahre sich durch unser Abendgedächtnis. Sich anmessen lassen: hätte *wollen sollen*, sagt er sich, sagt seine Frau. Hat den Stoff, hat ihn reichlich, hat ihn zehn, zwanzig Jahre schon daheim in der Truhe drinliegen: einen dunkelbraunen mit Nadelstreifen und für den Frühling einen, der ist beinah taubengrau. Wie für eine Tanzbodenjugend der taubengraue, so luftig und hell. Im Jahr Fünfundvierzig, das ist seit ewigen Zeiten der einzige Frühling in unsrem Gedächtnis und ist so vorbeigefahren: war nicht der unsrige. Schneider gibt es genug, man geht sonntags zu ihnen hin. Hier bei uns im Dorf, in den Behelfsheimen auf der Schanz und in Mainzlar. Nach Mainzlar besinnlich auf dreierlei Wegen. In Lollar ist jeder Werktag bald schon wie ein Sonntag, in Lollar geht es noch viel geschäftiger zu: da ist jeder Schneider beinah schon ausgerüstet teils wie ein Salon und teils wie eine Fabrik. Da stehst du in Strümpfen und machst die Anproben mit der Uhr in der Hand. Samstagnachmittags, es ist frisch gebohnert, blitzblank; es riecht nach Bohnerwachs, als stünde eine Silberhochzeit zumindest ins Haus. Zwei Frauen hat so ein Lollarer Schneider: die eigene und die verwitwete Schwägerin, die ist flott noch, die blondere Schwester von seiner eige-

nen Frau. Gehen geschickt ihm zur Hand, jederzeit, lesen gern
Tag für Tag vom Morgen bis in die Nacht hinein jeden Wunsch
von den Augen ihm ab. Samstagnachmittag kommt auch noch
die hübsche Tochter auf einen Sprung vorbei, auf ein Täßchen
Bohnenkaffee. Mit einem Vorarbeiter vom Wagenbau-Wagner
seit drei Jahren glücklich verheiratet. Und wie, fragt man, geht
es den Nachbarn, dem Willem, dem Ludwich, dem Koarl? So
ein Samstag ist ein besonderer Tag. Zwei Sonntagskuchen stehen zum Auskühlen auf der Kommode und duften. Die Straße
ist auch schon gekehrt. Noch früh, es ist noch nicht einmal
drei Uhr nachmittags. Scheints auch ein neues Radio: ein Blau-
punkt, beim Römer gekauft. In der Waschküch dampft schon
das Badewasser. Und du stehst zur Anprobe, du stehst und
hast in Lebensgröße ein Spiegelbild. Wir hätten Brüder sein
können, schon lang. Wie so ein Besuch steht man sich alle paar
Jahre einmal gegenüber. Versteht nicht, wie das wohl zuging
und könnte gut ein paar freundliche Worte gebrauchen, nicht
selten dringend gebrauchen. Und Kinderstimmen in allerlei
Samstagswinkeln; sie sollen sich in der Nähe halten, denkt an
das Badewasser, so heißt das hier samstags von Haus zu Haus.
Heißt so, bis sie groß sind. Und tiefer im Spiegel drin das Fenster zum Garten. Mit Gardinen und Übergardinen, mit den
Apfel- und Pflaumenbäumen; wenn Frühling wäre, würden sie
blühen. Da haben sich nun alle vergangenen Samstagnachmit-
tage noch einmal eingefunden. Als ob es zu dir zurückwill, das
liebe Leben, deine eigene Zeit. Nach der Anprobe hast du dir
mit Blick in den Garten im Spiegel den Hosenlatz zugeknöpft.
Ja, Staufenberg ist nicht Lollar. Nach der Anprobe wird dir
in Lollar gern ein Likör angeboten, da im Büffet: drei Sorten
zur Auswahl. Man schnuppert an jedem, betrachtet die Kor-
ken und Bilderchen auf den Flaschen (wer mag sich nun wohl
das Danziger Goldwasser ausgedacht haben und wie wird es
gemacht?) und nimmt dann doch einen Kümmel. Genau wie
vor zwanzig Jahren. Und passend dazu ein Feiertagsgläschen:

Gruß aus Rüdesheim! Das ist doch wahrhaftig mit Goldrand das Niederwald-Denkmal. Gleich mit eigenen Augen erkannt. Ist genau wie das Büffet innen drin hohl, kann man hochkriechen drin. Ja, die Jugend, der deutsche Rhein. Oder hätte der Krieg uns das Denkmal nicht stehengelassen? Hierorts von unseren Staufenberger Schneidern fällt uns als erster immer der Spechtschneider ein. Weil er der Frömmste ist. Sitzt auf dem Tisch, näht mit der Nadel und singt Choräle dazu. Wie eine Kirchengemeinde singt er und gönnt sich kein Licht. Am Hausberg in seiner niedrigen Schneiderstube.

Zeit zu gehen jetzt, Bürgermeester! Beim Kleiderständer. Schwer wie Friedhofserde die Nacht im Bauch und die Nacht vor dem Fenster. Wind ums Haus, Scheiben klirren. Um sich her das enge Jahrhundert spüren und nicht aus und nicht ein wissen. In dieser Finsternis, es drückt ihm das Herz ab. Im Ofen das Feuer geht aus. Ein Hund bellt, es muß der nämliche sein wie vorhin. Der Rechner hängt jedes Jahr die Kalender auf. Soviel Kalender, wie er nur kriegen kann. Endlich heimgehen jetzt! Derweil allseitig die Stille hart wird und kalt, derweil die Pfützen zu Eis gefrieren und abseits die Scheunen beziehen sich schon mit Reif. Soll man sich selbst als Gast kommen? So in die Nacht hinein, in den Winter. Mit Sorgfalt, Geduld, mit zusammengebissenen Zähnen, mit aller Kraft, sagt man sich, mit gutem Willen und Zorn ... *jeden* Schritt Weg vor sich herdenken, wieder und wieder. Und doch nicht sich losreißen können, nicht heimfinden. Magenschmerzen. Zu müd für die Nacht und den Heimweg. Am liebsten seit Stunden im Schlaf liegen und noch lang nicht gerufen werden – also ins Grab? Bald? Kannst nicht bleiben, nicht gehen, nicht bleiben. *Heimfliegen, schnell!* Als Schatten, als Fledermaus, als nur so ein Gefoihl, schwerfällig ein Geflatter: das eigene Sehnen spüren, den Flug und die Erdenschwere. Immer wieder schmerzhaft sich losreißen und doch hier nicht weg-, dort nicht ankommen.

Nicht zu sich selbst können, nirgendshin. Als ob er sich aus dem Jenseits zusehen müßte: verblieben und wie aus dem eigenen Gedächtnis gefallen, herausgefallen und jetzt? Seit wann denn ist jeder Tag wie ein Tropfen Gift? Was vorher: Soldat gewesen? Nicht auch in Berlin? (In Gießen in der Bahnhofsgaststätte mit Wartesaal dritter Klasse hängt eh und je wandgroß ein Bild von Berlin!)

Die eigene Frau daheim? Wird warten, muß doch einen Namen, sagt man sich, aber ja. Neben einer Stehlampe, soweit die Erinnerung reicht, auf einem Polsterstuhl. Dauerwellen, hat sie gesagt und gelacht, immer lauter gelacht. Kam vielleicht direkt vom Friseur, die *Dauerwellen* ganz frisch: es sah aus, als ob sie einen zu großen Kopf, so aufgebauscht, vielzugroß. Wann und wo weiß er nicht, sie lacht jetzt noch in seinem Gedächtnis. Weit offen der Mund mit den vielen Goldzähnen und Goldplomben, das Gesicht ist nicht zu erkennen. Auch nicht im Lampenschein. Halsketten, Broschen und Medaillons. Die Stehlampe sieht er deutlich, sie hat einen moosgrünen Schirm; mehr nicht, mehr will ihm jetzt nicht und nie mehr einfallen, kein weiteres Wort. Rubine, Smaragde, die Fingerringe wie eingewachsen. Der Ehering war nicht abzukriegen. Doch nicht Witwer als Bürgermeester, das hat es noch nie gegeben hier bei uns im Dorf. Wie aus dem Jenseits jetzt sieht er sich und die Zeit, der Stoff also liegt in der Truhe. Wie für den König von England zwei Ballen Stoff und wir und die Jahre vergehen. Die Lampe, ihr Haar und die Goldzähne sieht er, doch nicht ihr Gesicht. Niemals ihr Gesicht, eher noch den Teppich mit seinem bunten Muster, den sieht er blühen. Muß im Krieg, muß vor dem Krieg vielleicht schon; ganze Wagenladungen, Waggons, Tag und Nacht Güterzüge mit Kisten voll Zeit, mit Goldzähnen und Goldplomben seien ja damals. Menschenhaar. Vom Hörensagen, so heißt es. Ein Zug pfeift, er sitzt im Zug und fährt durch den Regen. Soldatenmäntel.

Er hat einen Helm auf, der Regen klatscht an die Scheiben, der Regen wird gut zehn Jahre alt sein. Lollar fällt ihm noch ein. Die Friseurläden auf der Lollarer Hauptstraße, aber nur matt, nur wie so ein abgebranntes Streichholz, was noch ein bißchen so nachglüht. Trübrot ein Glimmen, auch kaum ein Momentchen, dann gleich erloschen für immer. In der Ferne der riesigen leeren Nacht. Damals und heute. Was die Dauerwellen in Lollar heutzutage wohl kosten, wieviel? *Dauerwellen*, jetzt ist nur das Wort noch übrig und bei ihm geblieben.

Was sind das für Räder, kommen sie näher? Noch einmal der alte Simon mit seinem leeren Karren die Vorstadt herunter? Mit seinen zwei milchweißen Ochsen, die nie ermüden, und insgeheim extraleicht soll sein Karren gebaut sein, so geht jeden Tag hier die Sage. Und nachfolgend mehrfach gleich die Wiederholung unseres tagtäglichen Abendspuks mit den vorvorjährigen Amipanzern: der gleiche Spuk und einundderselbe Abend, so durch die Jahre und Zeitalter dröhnend dahin. Wie der Krieg hierorts aus war, sind die Amis mit ihren Panzern und Fahnen und Wagen von Lollar her über die Schanz und hier unsere Vorstadt herauf, die ersten. Statt am Kreuz abzubiegen, weiter die Vorstadt hinauf. Am Turm vorbei, der hat sein Gesicht gemacht, am Turm *rechts* vorbei. Zum Weidkob und weiter. Mit ihrem Lärm, der in der Luft hing wie eiserne Bienenschwärme. Über die Hardt weiter, über die Weiß Erd bis zum Wald, wo die Straße, der Weg bald zum Pfad wird, ein Hasenpfädchen. Dickicht, Gestrüpp. Dort vergeblich gesucht, wo es weitergeht, wo hinaus: wo die Welt dort geblieben ist, wo sie hin ist? Unsere Menschenwelt, heißt das. Im Moos dort, im Farn, bei den Tautropfen. Werden ausgestiegen sein, hin und her, sind ja ausgerüstet mit prima Stiebeln an ihren Füßen. Werden sich kräftig gewundert haben, auf amrikanisch. Blaubeeren hat es dort, Himbeeren, Brombeeren, die sind noch nicht reif gewesen. Wachsen da aus der Erde. Jedes Jahr wieder.

Zum Fahren ein Weg war dort keiner da; so *ist* da die Gegend – nicht lang noch gerodet: rennt auf den Wald zu. Nach drei Stunden erst sind sie zurückgekommen. Vom Weidkob herunter ins Dorf zurück, die Panzer mit Grünzeug geschmückt, Tannenreiser, das junge Buchenlaub da im Mai, und haben sich aufgereiht unsere ganze Vorstadt herunter. Vom Turm, schon vom Poul an, das ist so ein Teich voller Himmel und Frösche, bis herunter ans Kreuz. Und vom Kreuz bis zur Lollarer Straße hinunter. Mai ist gewesen und kein Abend wollte sich zeigen am Himmel, die Sonne muß stehengeblieben sein; das Dorf steht auf einem Basaltfelsen. Jeder Stein hat geleuchtet, bis über Hausdach und Giebel blüht jedwedes Gärtchen mit seinem Mai; so ein Tag ist das damals gewesen. Und hoch am Himmel ein Habicht, wie hingemalt. Und hat uns genau im Blick, diesen langen Mittag über dem Dorf. Und uns wollte vorkommen, daß er bei ihnen mitfährt, der Frühling, da oben auf ihren Panzern und Wagen. Hinnich der Druschhall steht jetzt noch aus dieser Zeit von ihnen ein Dschieb. Aufgebockt, ohne Räder, steht beim alten Friedhof da an der Mauer. Für die Kinner ein Spielzeug und Efeu schon rankt sich darum. Sie werden ihn wohl vergessen haben. Über ihren sonstigen täglichen Angelegenheiten als Kriegsvolk in einem fremden Land.

Kein Simon, kein weiterer Spuk; man hört einen Zug pfeifen, man hört einen Güterzug fahren, weit weg und ganz deutlich. Dann die Stille, dann bellt in Nacht und Stille ein Hund. Heiser im Nebel. Erst in der Nachbarschaft, dann drei Dörfer weiter. Dann hört man – auf dem Tisch, im Tischkasten, in der Tasche, beim Bürgermeester im Bauch, aus der Nacht, aus der Erde herauf oder ringsum von den Wänden herab, von allen Seiten – die Uhr ticken, immer lauter. Holzwürmer, den Totenkäfer, ein Metronom. Der Reihe nach, wie bestellt die Geräusche und wer hat den Tag verschluckt? Der Wasserhahn tropft, das ist dann erst zu hören, wenn alle gegangen sind. Jetzt am

Abend, sind heimgegangen. Im Flur, in der Stille, im dämmri-
gen Vorraum gibt es für das Gemeindeamt ein kleines Emailwaschbecken; mit was nur in aller Welt könnte man nun dieses
Emailwaschbecken gutwillig vergleichen? Weiß und der Rand
kobaltblau, sieht aus wie –? Wie ein Blume, wie eine Muschel,
wie ein Schneckenhaus: sieht es nicht aus! Wie Schnee, wie Papier, wie aus frischer Sahne? Ein schlafender Eisberg? *Lächelt*
es unentwegt da an der Wand? Gewölbt und geschweift, der
Rand kobaltblau. In der Stille. Über Nacht *wäre* Schnee gefallen. Wie vor gut achtzig oder hundert Jahren allerlei Dinge aus-
gesehen haben, so sieht es jetzt nachträglich aus und ist immer
noch da und die Zeit ist vergangen. Verbrannt riecht es nicht.
Die Turmuhr schlägt halb: hat doch eben erst halb geschlagen.
Die Würmer im Erdreich, ein tiefer Schlaf. Der Bürgermeester
mit Hut und wird sich jetzt gleich auf den Weg machen. Vielleicht daß sie in Mainzlar auf dem dortigen Gemeindeamt noch
genauso ein Waschbecken und die gleiche Zeitrechnung hier
und dort. Sind das Schritte? Sind es Mäuse und rascheln so?
Ratten gar? Wie das Stragula glänzt hier im Amt; es hört nicht
auf, so zu glänzen, glänzt immer weiter mit seinem Glanz. In
die Leere hinein. Darunter die Dielen: regen sich sacht, werden
gleich zu knarren anfangen. Als wüßten sie, daß da einer geht.
Zu sehen ist niemand, doch sie wissen es jederzeit besser. Und
unter den Dielen wie aus Kohlenstaub feucht und schwer die
Finsternis in den Gemeindeamtskellern, die spürst du genau
wie die Nacht und die Friedhofserde in deinem Bauch. Unter
jedem Keller ein noch tieferer Keller.

Dicht an der Wand, der Bürgermeester steht neben dem Kleiderständer. Da liegt sein Hut, hingefallen. Der Kleiderständer
wie ein Enthaupteter, der sich immer noch aufrecht hält. Steht
in der Ecke. Im Ofen die letzte Glut. Gibt Frost, Glatteis, es
friert; weit weg in Nacht und Nebel immer mühsamer jetzt das
heisere Bellen, das ist eine Qual. Hund oder Mensch: uns ist,

wir kennen die Stimme und müßten sie wiedererkennen. Oder sind wir das selbst und bellen, bellen beharrlich? Und horchen darauf und hören uns antworten, aus der Ferne pausenlos antworten. Die Ferne im Kasten, vernagelt, in einer Kiste drin. Und was sind das für viele Gesichter und drängen sich so? Ein Glas Wasser steht auf dem Tisch. Der Bürgermeester, als ob er vor der reißenden Ferne auf einer Eisscholle auf einmal stehend sich wiederfindet, die schwimmt immer schneller davon, schmilzt flußabwärts, wird immer kleiner und knistert und fängt an zu *kreiseln* – wo schnell sich festhalten, wo? Das Licht, die Kalender, und hörst du von fern den morgigen Sturm? Ein andermal bald die Kalender betrachten. Ein Glas Wasser steht auf dem Tisch. Wonach riecht es, nach nix? Wie ein Rätsel steht dieses Glas Wasser da im Licht, in der Helligkeit, in der gutbeleuchteten Stille. Das muß vor genau einem Jahr ein Tag im Kalender und das gleiche Wetter wie heute: gewesen-gewesen. In die Nacht hinein und kein Wort, in den Nebel. Der Bürgermeester beim Fenster. Gleich, gleich wird er sich auf den Weg machen!

DOCH NOCH LOCARNO

Nachwort von Bianca Döring

1

Fünfundzwanzig Jahre. Sie hätten Silberhochzeit gehabt. Und haben sie nicht auch Häuser gebaut, die ganze Zeit, aus Zweigen, Laub, sogar Dornenhecken, was ja natürlich heißt Rosen, alles voller Rosen, für unsere zahllosen Kinder, wieviel Kinder, na fünf doch bestimmt mindestens, und die geliehenen dazu und die Omas und Tanten und Nachbarskinder natürlich und die Tiere erst recht. Die Klingel so Schneebälle, Schneebeerchen, diese kleinen weißen, im Winter, runterschmeißen, drauftreten, es knallt so schön. Knallerbsen. Aber als Klingel bitte nur dreimal dran ziehn, an dem Zweig da, der da, nein der, also ich meine, das da ist die Klingel, und das hier ist doch das Fenster und das da der Fußabtreter, du Kamuffel. Kamel heißt das. Nein das heißt Kamuffel. Was hast du nur für Ausdrücke. Ich kann noch andere. Zeig mal, sag sie alle auf, du fluchst so schön.

Wie das war. Fünfundzwanzig Jahre her. Kleine komische Momente. Wie er sie abends mehrmals anruft, will, daß sie ihm morgen gleich alles einkauft, Sahnejoghurt, unbedingt, ganz ganz viele, spiel mit mir, sie sagt Ja kann ich machen, er ruft nochmal an, Wieso sagst du nur ja gut, du mußt sagen, unbedingt. Ich hab gesagt mach ich, nicht ja gut, Ja aber du mußt es begeistert machen, Aber ich bin jetzt nicht begeistert, Dann ist es falsch, Was ist denn dann falsch. Wie prosaisch sie ist. So prosaisch wie das ganze dumme Wort. Er ruft wieder an, laß uns gute Nacht sagen. Sie sagen zwanzigmal gute Nacht. Wer legt als erster auf. Also, ich, ich leg auf. Wieso kannst du so leicht auflegen. Er ruft wieder an, du mußt mir nochmal gute Nacht sagen. Er klingelt sie nachts aus dem Schlaf. Sag mir bitte nochmal gute Nacht.

Tagelange Spaziergänge durch den Wald, Maronenbäume, Eidechsen, Steine und Ruinen, die Wärme selbst im Schatten, die Hitze auf den Lichtungen, Brombeerhecken, der Duft der

Wiesen, der Duft der Sandwege. Er erzählt ihr Kindheiten, Dörfer, Jahreszeiten, läßt alle Zeit neu erstehn, auferstehn, läßt sie leben und laufen und Gegenwart sein, egal wo, egal wann, abends beim „Mazara", morgens beim „Edeka", gleich ist alles da, alles wie für immer, seine Worte sind sein Atem, sind auch sein Schutz. Wie warst du als Kind, fragt er, sie erzählt ihm Vergangenes, das sie nie nie mehr haben will. Warum nur haben sie dir das angetan, er streichelt mit zwei Fingern ihre Hand, aber die Welt ist schön. Schau. Nein, sagt sie. Doch, nämlich. Und er erzählt, bis hin zu den Römern, den Griechen. Halt mal den Mund, sagt sie, und: Du verstehst mich nicht. Doch, sagt er, ich versteh alles.

Sein feines, sein unausweichliches Beharren: Wohin gehst du jetzt wann bist du zurück wieso nimmst du mich nicht mit. Das geht dich nix an. Doch alles geht mich was an, ich bin doch zuständig das weißt du doch. Rangeleien. Ihr Wutgeschrei. *Bist ja selbst fünf Kinder.* Sie knallt mit der Tür. Will sich vergraben. Er folgt ihr immer. Nein. Sie stemmt sich gegen die Tür, von innen dagegen, er von außen dagegen, wissen wir noch den Anlaß, auf einmal tragen sie die Tür in der Gegend herum. Die Tür aus den Angeln gehoben. Gehebelt. Gehievt. Die Tür immer zwischen uns. Wenn du losläßt, fällt sie um. Ich laß ja nicht los. Aber nun laß doch los. Wie denn. Weißt du noch in Wuppertal. Was in Wuppertal. Atemlos, immer noch diese Tür, wohin mit der Tür, sie sieht nur seine wirren Haare, seine kleinen Finger, er sieht ihre Locken, mal links, mal rechts, Wie du guckst, Du kannst ja garnicht sehn wie ich gucke, Doch klar immer. Wohin mit der Tür. In Wuppertal, und wie wir Autobahn gefahren sind, bei diesem Sturm. Sie weint jetzt, weint und weint.

Er bleibt zurück. Bleibt immer zurück. Und ist dabei nirgends zuhaus. Zieht umher, wandert, stundenlang, tagelang, durch Dörfer, Städte, Felder, nimmt den Bus, den Zug, alles ist ihm lieb in der Fremde, das schöne, unwiderstehliche Andere, vertrieben und im Unterwegs ankommen und sich selbst begegnen. Erinnerung erschaffen als unsterbliches Jetzt. Das Festhalten unbedingt. Nie etwas verlassen, nie etwas zu Ende, die Rituale des immer-wieder. Wiederholungen, weil dann bleibt das Geliebte und man selbst, wenn alles unendlich geworden ist in der immerwährenden Wiederholung. Welterschaffung, Unsterblichkeit. Sie aber hält es nicht aus mit ihm, dem manischen Zeitbändiger, der sie festzurrt, festbannt, Teil seiner Selbstvergewisserung, die ihr eigenes faseriges Selbst garnicht sehn kann, noch durchsichtiger macht, zum Verschwinden bringt. Da verschwindet sie vor ihm. Da flieht sie, kommt einfach nicht mehr, kommt in Wahrheit doch nicht los, reißt sich los, daß es wehtut, sie sich taubstellen muß. Und er wartet. Würde ewig warten. Ausharren. Verrückt werden dabei. Daß sie einfach gegangen ist. Daß sie einfach nicht mehr kommt. Daß sie so ist. Er will sie so. Aber sie. Sie will ihn nicht so. Sie ist wirklich viel ungeduldiger als er. Wirklich wahr.

2

Die Jahre, die Zeit. Winzige Teilchen Zeit in der gedehnten, davonrennenden Zeit, die ihnen gehören. Da telefonieren sie, er ruft sie an, sie schreibt ihm Kärtchen. Sind in spröder Weise treu über Monate, Jahre hinweg, in denen sie nicht das Geringste voneinander wissen. Hier ein Zeitfleckchen und da eins, da sehen sie sich wieder, er besucht sie in der großen dreckigen Stadt, in die es sie jetzt verschlagen hat, sie wandern in dieser Stadt herum, die ihm viel zu schlechtes Wetter hat, trinken Kaffee, er geht mit ihr einen Wintermantel aussuchen, sie wartet auf ihn vor einer Telefonzelle. Sie tut beschäftigt. Er hat wenig Zeit. Telefonieren. Schreiben. Leben ihre verschiedenen Leben, mit anderen Frauen, anderen Männern. Einmal sitzt er an ihrem Bett, sie hat diesen dummen Bandscheibenvorfall, er redet, erzählt, hör doch jetzt wenigstens mal auf zu quasseln, sagt sie. Ich kann auch ganz ruhig sein, sagt er mit seinem verschmitzten Gesicht, ich kann wirklich auch garnichts sagen, also ich bin ja eigentlich fast immer still. Jaja, sagt sie und zerbeißt zwei Schmerztabletten, wie geht es dir dort im Süden? Gut, wie soll es mir sonst gehn, und dir? Schlecht, wie soll es mir sonst gehn. So ist das verteilt bei uns, sagt er, so eine ungerechte Verteilung, wer hat die denn angeordnet? Du bist doch Gott, das mußt dann wohl du gewesen sein, wenigstens wissen wers war. Niemals, das hätte ich viel besser gekonnt.

Wie boshaft sie ist. Wie still er jetzt ist. Wirklich wahr.

3

Und dann kann sie ihn nicht mehr zurücklassen. Nach fast fünfzehn Jahren, da passiert es. Genau wie damals. Noch viel schlimmer. Nach wievielen Jahren genau? Sie zählt die Jahre nicht, hat kein Zeitgefühl, noch nie. Er wüßte es auf die Uhrzeit genau, der Tag, und wie es gerochen hat und welche Vögel geflogen und in welche Richtung. Kommst du, ja, sagt sie und kommt, zu seiner Veranstaltung in der großen dreckigen Stadt. Ist viel zu früh und findet ihn in einem Büro, da ist er ja, da ist sie ja, leuchten beide in der Überraschung, spazieren unten im Garten herum, fuchteln mit den Händen, fallen einander gegenseitig ins Wort. Sind älter, sind tatsächlich auch klüger geworden. Sind alte Freunde geworden. Nachher sitzt sie ganz hinten am Fenster und bewegt sich nicht, eine Fremde unter Fremden, während er spricht. Sein wundersames Lesen und Sprechen. Mit dem er Tiger bändigt, Bettlägerige heilt, wirklich, ungelogen, sie ist Zeugin. Ein Hund draußen bellt an passender Stelle, so geht das also, so ist das bei ihm. Auch der Hund ist betört. Hernach wartet sie, wartet lang, ganz hinten, reglos, bis alle Zuhörer fort sind, bis sie nur noch zu zweit, komm, sagt er, sitzen unten im Restaurant, allein, und schauen sich an. Reden, was reden sie, sie wissen es nicht so genau, sie schauen. Damals, das erstemal als ich dich sah, in diesem Turm, von hinten, vielleicht ist er behindert, denkt sie damals, wer ist das, er dreht sich um und sie sieht sein Gesicht seine Augen und denkt sofort: ach du bist das dich kenn ich lang dich kenn ich schon die ganze Ewigkeit! Und jetzt also genau der Moment, genau die Augen, der Blick, ich kenn dich, schon immer, für immer, hab dich wiedererkannt, endlich hab ich dich wiedererkannt, und alles stürzt und birst, ganz lichterloh. Da ist die Welt zwischen uns, die Zeit, die davongaloppierte und galoppierende, die gelebte und verlebte, da sind die Jahre, all die Jahre ohne uns, da ist ihr Nein, das sie ihm gab, mit dem sie ihn überließ, wem oder was, und jetzt. Jetzt ist es doch wieder passiert, sie kanns nicht ändern. Sie schweigen. Er hilft ihr in den Mantel. Sie fährt in ihrem roten Auto nach Haus, allein, was ist nach Haus, ein längst ganz anderes kleines Auto, aber doch auch schon wieder oll und zig Jahre alt, und auch schon wieder rot, in dem sie damals kreuz und quer durch Deutschland, durch die Niederlande, durchs Elsass, auf Irrfahrten, das kleine rote Fluchtauto. Sie sitzt in diesem Fluchtauto und schreit. Sie kann nicht weg, diesmal kann sie nicht weg, hat ihn erkannt, sie kennt ihn doch, seit Hunderttausendmillionenabermilliarden Jahren, und auch wenn er immer fünf Kinder, na und, alles egal, er ist ihr... Schicksal heißt das, ja so heißt das wohl, sie muß zurück, sie schreit und weint, *Wie kann sie nur ohne mich sein,* Wie kann ich nur ohne ihn sein!

Und wenn er jetzt weg ist. Schreit in ihr Handy, taubes stummes Ding, er nimmt nicht ab, hebt einfach nicht ab, sie telefoniert mit dem Restaurant, telefoniert mit irgendeinem Chef, sei doch da, jetzt ist sie so wie er immer war, maßlos, unfähig loszulassen, klammert sich ans Handy, ans Steuer, nicht da, ausgeflogen, warum denn ist er ausgeflogen, wo er doch da zu sein hat, jetzt ist sie selbst fünf Kinder. Sie rast und fliegt und stürzt und rennt, nein, hier ist er nicht, da auch nicht, die vielen steilen Treppen und Treppen zu seinem Zimmer hoch, klebt überall Zettelchen hin, an die Wand, an die Türen, bitte, ruf mich an, du mußt mich anrufen, du mußt mich heute noch anrufen, auch mitten in der Nacht. Sie schärft allen ein: dem Koch, dem Butler, dem Portier, dem Hund: bitte ihm ausrichten, mich sofort anrufen!

Daheim wartet sie neben dem Telefon. Das Telefon rührt sich nicht. Sie schreit das Telefon an, das dumme, das bekloppte. Rennt in der Wohnung auf und ab, schreit, weint, ruf an, ruf an, du Kamuffel, mach! *Sie kommt und kommt nicht,* Er kommt und kommt nicht!

Spät, spät, nach hundert Jahren, seine Stimme, Ich war noch spazieren, sagt er, Ja ach, sagt sie, können wir uns sehn, Ja, sagt er, wann, Gleich, sagt sie, Vielleicht morgen, sagt er, seit wann sagt er: morgen. Ich bin ganz ganz müde, sagt er, muß doch morgen weiterfahren, Ja, sagt sie, bitte, ich möchte dich morgen sehn. Willst du mich auch sehn. Ja, ich will dich auch sehn.

Da sind sie. Bei irgendeinem Italiener, da waren sie noch nie. Sitzen draußen in der Sonne, halb auf der Straße, mitten im Autolärm, schauen wieder. Er trinkt langsam seinen Espresso. Immer die Augen. Sein so schönes Gesicht. Sein ihr allerliebstes, sanft, fein, das unendlich zarte Gesicht. Er redet. Natürlich, wie konnte sie das vergessen. Redet auf einmal Schwälle, Berge, Meere. Warum jetzt das von den Nächten in Istanbul, denkt sie verwirrt, und dann irgendwas von Shanghai, und dann die Blumen in der Garrigue, die Bienen, ach ja, das ist er, ja so ist er, natürlich. Was soll sie jetzt machen, mit all den Wortkaskaden. In denen sie ertrinkt. In denen sie nichts mehr wiederfindet, weder sich noch ihn. Dann ist er still. Schaut sie an. Schaut weg und läßt sich anschauen. Schaut sie dann auch so an. Er muß gehn. Gleich sein Zug. Sie stehn an einer Straßenkreuzung. Da nimmt sie sein Gesicht und bedeckt es mit

Küssen und plötzlich mit Tränen, küßt ihm den Mund, weint sein Gesicht naß, zerküßt ihm den Mund die Wangen den Hals und er läßt es, er will es auch, ganz widerstandslos, so offen und wund, würdest du mich wieder wollen, ja, sagt er, ja.

Locarno, schau, jetzt ist sie doch noch gekommen.

Und haben es gewagt. Nicht nur ein halbes, ein knappes wirres wildes Jahr, sie haben Jahr um Jahr um Jahr miteinander ausgehalten. Nicht mehr nur ausgehalten. Haben gefunden, wie das gehen kann, so zwei komische Menschen, so zwei fünf Kinder, so zwei vertrackte Wesen, eins im Norden, eins im Süden. Am Anfang viel Streit. Um Unsinn. Das ist kein Unsinn, sagt er, die Stühle sind wirklich schlecht. Die Stühle sind gut, sagt sie, sitzen in der „LPG" und trinken Espresso, Nein die Stühle drücken einem das Blut ab, Mir drücken sie kein Blut ab, Doch du merkst es nur nicht, Laß mich doch in Ruhe hier sitzen, Nein aber das sind wirklich schlechte Stühle, Für dich, Nein einfach überhaupt daß du das nicht merkst, sie knallt ihre Tasse hin und rennt weg. Treffen sich, zwei Irrfahrer, plötzlich unterwegs im Dunkeln irgendwo auf der großen lauten Straße. Da bist du ja, sagt er leis, Ich hab dich gesucht überall, sagt sie, sie gehen schweigend und lassen sich nicht mehr los. Was könnten wir beim nächsten Mal denen im Laden für eine Szene spielen? Fragt er. Sie lachen. Sie freuen sich über sich selbst, freuen sich aneinander. Daß sie nicht mehr einfach so verloren gehn.

Zusammengehörn. Die Gewohnheiten die sie haben miteinander, ihre Wege die sie gehn, und die besonderen Dinge, die wunderbaren kleinen Momente, weißt du noch, will sie sagen, weißt du noch, sagt er gleich, als der Mond so schräg da hinten über den Bäumen ja genau über denen da und im Radio hat Muddy Waters gespielt weißt du dieses Lied und du hast die Karten geholt für deine Ausstellung bei deiner Bekannten diese ganze Kiste mit den Einladungskarten, und weißt du noch; und das Zimmerchen, das sie sich teilen, weil ihr Bett immer zu klein ist gehen sie in diese Pension gleich um die Ecke, im Treppenhaus immer eine Installation von entweder so Strohschweinen mit Kastanien drumherum oder im Sommer manchmal herren- und damenlose Badehosen, da auf der großen Fensterbank ganz oben, Sing doch, bettelt er, du hast heute noch garnicht gesungen. Der Apotheker, der sie beide schon kennt, der immer erzählt haben will, vom Süden, der italienische Restaurantbesitzer, der ihnen jetzt die schönsten Plätze freihält und umständlich erklärt, daß er bald auch Vegetarisches haben wird und warum jetzt nur noch nicht gleich sofort. Sie fahren mit ihrem Fluchtauto an den großen See, all die Schiffe, Ich hab Angst, sagt sie, vor Schiffen nein auf den Schiffen nein auf dem Wasser das viele Wasser, er nimmt sie bei der Hand, Komm, das ist garnicht schlimm, das ist sogar ganz schön, komm doch, sie geht mit ihm mit, sonst mit niemandem würde sie sich je getrauen auf ein Schiff drauf. Wie sie jauchzt, wie sie jetzt an der Reeling steht im Wind im Salz unter den Möwen und jauchzt und daneben bellt ein Hund und die Sonne glitzert so auf dem Wasser schreit sie, wie die Sonne glitzert! Er kann sich nicht sattsehen satthören an ihrem Glück.

Die wenigen Wochen im Jahr miteinander. Immer wenn er kommt, sperrt sie das Telefon, sperrt ihren zermürbenden Alltag aus, der sie in den Fängen hält, der sie alles kostet, Nerven, Zeit, der sie nicht satt macht, aber jetzt gibt es ihn, es gibt ihn wirklich, gibt es dich wirklich, fragt er einmal, mich gibt es wirklich, und dich gibt es wirklich, und wir sind wirklich hier und es gibt uns. Die kostbare Zeit nur für sie beide allein, niemand sonst hat Zutritt, nur sein Freund der manchmal auf ihrem Handy anruft, samstags, wenn er Fahrrad fährt und regelmäßig vom Albblick berichtet, und er diskutiert mit ihm, warum der Albblick heute so schlecht ist oder aber ganz phantastisch, weil für den Albblick ist *er* zuständig, schon immer; und seine Tochter, weil sie ihm von ihrer neuen Bewerbung er-

zählen muß oder sie braucht einen Pullover. Und immer kaufen
sie gleich Pralinen und essen sie im Bett, immer, und sie muß
ihm dann vorlesen, aus ihren sogenannten Nonsensromanen
und Tagebüchern, dabei schläft er ein und sagt, Nein ich schla-
fe garnicht lies doch weiter, sie liegt neben ihm und hört ihn
leise atmen und einmal denkt sie was ist wenn er nun stirbt sie
ist erschrocken sein Gesicht sieht grau aus heute sieht sein Gesicht grau aus, Du bist zu viel unterwegs sagt sie, Ja sagt er, aber
ich bin auch so gern unterwegs. Aber immer ist er müde, und
er klagt, er klagt viel und an sein Klagen haben sich alle schon
so gewöhnt, manchmal klagen sie um die Wette, aber heute er
sieht so grau aus heute. Und jedesmal wenn er wegfahrn muß
weint sie, sitzt in ihrem roten Fluchtauto, allein, und weint,
fast so laut wie vor vielen Jahren. Sie überlegen, ob sie es nicht
endlich können. Näherrücken. Nicht mehr diese Entfernungen. So viele Jahre schon die Entfernungen, jetzt soll es besser
weitergehn. Wie kann sie das machen mit dem Brotberuf der
sie knebelt, mit ihrer ewigen Geldnot. Wie kann er das machen
mit seinem Wohnsitz im Ausland. Sie wollen eine Lösung finden. Wie schnell kann alles vorbei sein, sagt er einmal, steht in
seinem goldenen Mantel da in ihrem engen Flur und streicht
mit dem Zeigefinger über sein Oberlippenbärtchen.

Wie schnell. Da kommt er ihr entgegen, auf dem Bahnhof, das
letztemal, so wächsern so äschern sein Gesicht, da kommt der
Tod denkt sie flüchtig und entsetzt und wirft den Gedanken
sofort weit weg weit in den Himmel der voller Dunst und Re-
genluft, er hat Schmerzen er weiß nicht warum ich habe meine
Rippen geprellt sagt er, kann nachts kaum schlafen. Aber es
wird schon besser. Alles wird von jetzt an besser, sie verspre-
chen es einander. Und das allerletzte mal. Liebste da bist du ja,
sagt er und seine Augen irrlichtern und wollen sie finden, er
kann sie nicht sehn, er klammert sich an ihre Hand, schweiß-
naß ihre beiden Hände da im Klinikum, stundenlang inein-

anderverkrallt, und er sagt wieder, Liebste, immer hat er das so gesagt, und Du Schatz hat er gesagt und Meine Gefährtin, bist du das, ja ich bin das, und er lächelt, und er lacht, und sie schneidet ihm dicke saftige Pflaumen auf und füttert ihn wie ein Kind, niemand weiß was werden wird aber es wird wieder gut. Alle sagen es doch. Lautlos die Zeit.

4

Sie steht am Fenster und denkt, daß er immer noch nicht gekommen ist. *Sie kommt und kommt nicht.* Ach Deutschland. Er kommt und kommt nicht. Sie wollten sich ein Haus bauen. Vielleicht im Süden. So auf halber Strecke, alles aus Rosen. Dornen sind automatisch dabei, weißt du, das gehört doch zusammen.

Den Brief hat sie dann gefunden. Der mit dem fuchsroten Fluchtauto. In der Kiste mit ihren Briefen, die sie von seiner Tochter bekommen hat. Hat einen geöffnet und gleich wieder zugemacht und tagelang auf der Erde gelegen und er hat gesagt, sie hat es doch genau gehört, Komm, wein doch nicht so. Sei wieder gut. Sie hat die Kiste wochenlang da stehn gehabt. Noch immer steht sie da, die Kiste. Dann hat sie gesucht und die Briefe sind geflattert haben gefleht gefincht auch ganz stumm und dann ist sie zu seinem goldenen Mantel gegangen, da hängt er wo er immer hängt, immer hängt er jetzt da, als ob er gerade bei ihr angekommen wär, grade hat er ihn da hingehängt, seinen goldenen Mantel, und sie hat ihn mit zwei Fingern gestreichelt, so wie er sie manchmal gestreichelt hat, mit zwei Fingern, wo bist du jetzt nur, ich bin in Locarno, und du. Daß er immerfort nicht kommt. Daß er nie mehr kommt. Er hat doch gesagt, er stirbt nicht, nie, hat er denn gelogen. Hat er es nicht versichert. Ganz sicher. Natürlich, sagt er, ich sterb doch nicht, ich sterb doch nie, wirst sehn, ich hab Recht. Ja, sagt sie, ich warte, ich warte die ganze Zeit, damit du Recht hast, ausnahmsweise sollst du jetzt doch einmal Recht haben.

NACHBEMERKUNG

Im zweiten Halbjahr 1989 war Peter Kurzeck Stipendiat im Künstlerhaus Edenkoben (Rheinland-Pfalz). In Edenkoben vollendete er seinen vierten Roman *Keiner stirbt* (Stroemfeld/Roter Stern, 1990), dessen Vorstufen, noch unter den Arbeitstiteln *Brennessel* und *Regentage*, bis in die 60er Jahre zurückgehen. 1989 traf Peter Kurzeck auch auf die Schriftstellerin und Künstlerin Bianca Döring.

Zu den Usancen des Stipendiums gehörte eine Veröffentlichung in der von Michael Buselmeier herausgegebenen Reihe *Edition Künstlerhaus* (Verlag Das Wunderhorn, Heidelberg). So erschien dort 1996 von Peter Kurzeck der Band *Vor den Abendnachrichten*. Kurzeck hatte zwei Texte für dieses Buch ausgewählt: *Ach Deutschland, ein Triptychon* und das titelgebende *Vor den Abendnachrichten*.

Die Teile I und III von *Ach Deutschland, ein Triptychon* sind unabhängig von allen anderen Romanprojekten entstanden und waren bisher nur in dem Band der Edition veröffentlicht. Sie werden jetzt, nachdem das Editionsbändchen schon seit Jahren vergriffen ist, wieder zugänglich. Den Mittelteil des Triptychons bildet ein Auszug aus dem Schlußkapitel des in den 90er Jahren nicht lieferbaren Romans *Das schwarze Buch* (Stroemfeld/Roter Stern, 1982).

Der Text *Vor den Abendnachrichten* besteht aus zwei Kapiteln des Dorfromans *Kein Frühling*, die in der ersten Auflage von 1987 noch nicht enthalten waren. Erst 2007 wurden sie, neben weiteren 10 Kapiteln, in die erweiterte Neuausgabe von *Kein Frühling* als Kapitel 34 und 35 aufgenommen.

Der Text der Wunderhorn-Ausgabe wurde mit dem Manuskript, mit der 1. und 2. Auflage von *Das schwarze Buch* und mit der 2. Auflage von *Kein Frühling* verglichen. Es gibt geringfügige Abweichungen. Kurzeck hat den Romanauszug für die Wunderhorn-Ausgabe überarbeitet. Die vorliegende Ausgabe folgt dem

Text des Editionsbandes *Vor den Abendnachrichten*. Erweitert wird sie um das poetische Nachwort von Bianca Döring, *Doch noch Locarno*, entstanden im Februar 2015.

Rudi Deuble
Alexander Losse

Frankfurt am Main,
im September 2015

Von Peter Kurzeck im Stroemfeld Verlag:

Der Nußbaum gegenüber vom Laden in dem du dein Brot
kaufst. *Roman*
354 Seiten, engl. Broschur, Fadenheftung,
ISBN 978-3-87877-127-2

Das schwarze Buch. *Roman*
329 Seiten, geb., Fadenheftung, ISBN 978-3-87877-770-0

Kein Frühling. *Roman*
590 Seiten, geb., Fadenheftung, ISBN 978-3-87877-857-8

Keiner stirbt. *Roman*
276 Seiten, geb., Fadenheftung, z. Zt. als Taschenbuch-Lizenz-
ausgabe lieferbar, ISBN 978-3-86109-729-7 (Neuauflage in
Vorbereitung)

Mein Bahnhofsviertel
80 Seiten, geb., Fadenheftung, ISBN 978-3-87877-385-6

Vor den Abendnachrichten. Mit einem Nachwort von Bianca
Döring
86 Seiten, geb., Fadenheftung, ISBN 978-3-86600-247-0

Übers Eis. *Roman* (Das alte Jahrhundert 1)
326 Seiten, geb., Fadenheftung, ISBN 978-3-87877-580-5

Als Gast. *Roman* (Das alte Jahrhundert 2)
432 Seiten, geb., Fadenheftung, ISBN 978-3-87877-825-7
(z. Zt. als Fischer Taschenbuch erhältlich, Neuauflage in
Vorbereitung)

Ein Kirschkern im März. *Roman* (Das alte Jahrhundert 3)
282 Seiten, geb., Fadenheftung, ISBN 978-3-87877-935-3

Oktober und wer wir selbst sind. *Roman* (Das alte Jahrhundert 4)
208 Seiten, geb., Fadenheftung, ISBN 978-3-87877-053-4

Vorabend. *Roman* (Das alte Jahrhundert 5)
1022 Seiten, geb., Fadenheftung, ISBN 978-3-86600-079-7

Bis er kommt. *Romanfragment* (Das alte Jahrhundert 6)
380 Seiten, geb., Fadenheftung ISBN 978-3-86600-090-2

Der vorige Sommer und der Sommer davor. *Romanfragment*
(Das alte Jahrhundert 7)
ca. 600 Seiten, geb., Fadenheftung, ISBN 978-3-86600-091-9
(in Vorbereitung)

Und wo mein Haus. *Romanfragment* (Das alte Jahrhundert 8)
ca. 200 Seiten, geb., Fadenheftung, ISBN 978-3-86600-092-6
(in Planung)

Frankfurt Paris Frankfurt (Das Paris-Buch). *Romanfragment*
(Das alte Jahrhundert 10)
ca. 450 Seiten, geb., Fadenheftung, ISBN 978-3-86600-094-0
(in Planung)

Das alte Jahrhundert. *Fragmente, Entwürfe, Notizen,
Dokumente*
ca. 500 Seiten, geb., Fadenheftung, ISBN 978-3-86600-095-7
(in Planung)

Die Hörspiele
3 CDs (Ko-Produktion Stroemfeld/HR2),
ISBN 978-3-86600-187-9

Peter Kurzeck liest aus Kein Frühling
4 CD-Box (Ko-Produktion Stroemfeld/HR2),
ISBN 978-3-86600-012-4

Peter Kurzeck liest Oktober und wer wir selbst sind
7 CD-Box (Ko-Produktion Stroemfeld/SR2),
ISBN 978-3-86600-034-6

Peter Kurzeck liest aus Vorabend
6 CD-Box (Ko-Produktion Stroemfeld/HR2/SR2),
ISBN 978-3-86600-089-6

Unerwartet Marseille. Peter Kurzeck erzählt
2 CDs, ISBN 978-3-86600-007-0

Erika Schmied (Hrsg.): Peter Kurzeck – der radikale Biograph
179 Seiten, 140 Abb., Duplex-Druck, geb., Fadenheftung,
Großformat, ISBN 978-3-86600-166-4

Bitte fordern Sie unsere kostenlose Programminformation an:
Stroemfeld Verlag
D-60322 Frankfurt am Main, Holzhausenstraße 4
CH-4054 Basel, Altkircherstrasse 17
e-mail: info@stroemfeld.de   www.stroemfeld.com

Stroemfeld/Roter Stern Basel und Frankfurt am Main